李文俊　伍金宝　著

剪出来的幸福

JIANCHULAIDE

XINGFU

内蒙古科学技术出版社

图书在版编目（CIP）数据

剪出来的幸福 / 李文俊, 伍金宝著. — 赤峰：内蒙古科学技术出版社, 2024.1

ISBN 978-7-5380-3666-4

Ⅰ.①剪… Ⅱ.①李… ②伍… Ⅲ.①都叶梅—事迹— Ⅳ.①K825.72

中国国家版本馆CIP数据核字（2024）第012185号

剪出来的幸福

作　　者：李文俊　伍金宝

责任编辑：王志秀　季文波　代春霞

封面设计：王　洁

出版发行：内蒙古科学技术出版社

地　　址：赤峰市红山区哈达街南一段4号

网　　址：www.nm-kj.cn

邮购电话：0476-5888970

排　　版：赤峰市阿金奈图文制作有限责任公司

印　　刷：辽宁一诺广告印务有限公司

字　　数：116千

开　　本：710mm×1000mm　1/16

印　　张：10.5

版　　次：2024年1月第1版

印　　次：2024年1月第1次印刷

书　　号：ISBN 978-7-5380-3666-4

定　　价：48.00元

如出现印装质量问题，请与我社联系。电话：0476-5888926　5888917

与绿风荡漾的夏日一样，扎兰屯的冬天也别有一番色彩，连绵不绝的群山、纵横交错的河流被白雪所覆盖，向我们呈现的是一个洁白的童话世界。

走出成吉思汗机场，已能感受到第十四届全国冬季运动会的气息，广场上矗立的大型雪雕——蒙古彩娃安达和赛努已告竣。

来机场接我们的市委宣传部出版版权办副主任韩晓丹说："入冬以来，扎兰屯已下了四五场雪了。"

因为雪，第十四届全国冬运会的"自由式滑雪空中技巧""自由式滑雪雪上技巧""滑雪登山"等7个比赛项目落户扎兰屯。

同样因为雪，扎兰屯出了一个蜚声区内外的都叶梅，她用一把剪刀，剪出了与别人不一样的世界：2010年，在上海世博会被授予"共和国杰出剪纸艺术家最高荣誉成就奖"荣誉称号。2012年，获全国五一劳动奖章和内蒙古自治区五一劳动奖章。2016年，获中国剪纸艺术大师资质。2017年，被评为呼伦贝尔最美女性，荣获呼伦贝尔英才奖。2018年，被评为扎兰屯市十佳乡贤，荣获第八届呼伦贝尔市优秀乡土人才荣誉称号。2019年，荣获内蒙古自治区飞马奖。2022年，荣获中华人民共

· 韩冷 摄

和国文化和旅游部授予的2022年度文化和旅游带头人称号。当选内蒙古自治区第十四届人民代表大会代表。

她的作品《龙铸奥运》《中华民族大团圆》等先后被中国妇女儿童博物馆、中国体育博物馆等收藏，《红色轻骑兵——乌兰牧骑》《党史》《民族团结心向党》《百马当先共筑中国梦想》等作品被内蒙古党委宣传部、扎兰屯市委组织部等单位收藏。

我们在"十四冬"扎兰屯分赛区金龙山滑雪场见到了都叶梅，她正带着几个学生采风。我们看到，她先是在纸上勾勒出图案初稿，然后拿起剪刀，手指翻转间，一个滑雪健儿从手指间跃然飘出。她说："我们已经剪了几百幅这样的作品。"

都叶梅将传统文化与"十四冬"冰雪运动相结合，创作出了以参与冰雪运动的年画娃娃，身着滑雪服的冰雪运动健儿在雪场上腾空而起或翻转跳跃为主题的一系列作品。

这是我们在时隔4个月之后，第三次采访都叶梅。第一次见到她时，她刚完成自己一生中极为重要的作品《社会主义核心价值观》。她的这组作品，清晰地展示了富强、民主、文明、和谐、自由、平等、公正、法治、爱国、敬业、诚信和友善。她说："这组作品从构思到完成，用了一年多时间。作为一位剪纸艺术家，我要通过剪纸这种艺术形式，来传播红色文化，讲好中国故事，展现时代风貌。"

都叶梅的剪纸在魅力乡村和乡村振兴中也发挥着重要的作用，《乡村振兴》系列剪纸，《打造宜居美好乡村》《优美的生态环境》《美丽乡村》《美丽的卧牛河》等作品表达了群众对美好生活的向往与追求，反映出扎兰屯市乡村振兴蓬勃发展的成果。

她的作品《美丽乡村》就以扎兰屯特色产业黑木耳为主要元素，剪贴了母女二人采摘黑木耳的画面，她们的脚下雅鲁河奔腾流淌，两岸到处鲜花盛开，鸟语花香，蜂蝶环绕。

母女背后小路曲折迂回，自然将画面分割为两部分来展示，层次分明，自成一格。作品人物生动传神，构图饱满充实，尤其是上空金色的太阳及祥云、雁阵，给画面增添了高远、喜庆、和谐的美感。整幅作品充分表现了扎兰屯人在乡村振兴之路上老少齐上阵，共建新家园的十足干劲。

都叶梅的剪纸克制而内敛，以女性视角观察生活，审视人生，尽可能地剔除那些来自日常生活图景或素材中的冗余和繁复，画面因此变得集中和纯粹。都叶梅试图通过对这种单一形象的深入洞察和异质化处理，刻画个体生命在现实处境中的复杂遭遇，从而揭示和隐喻人们在面临多变的世界时随之产生的内心活动。都叶梅尽可能地削弱叙事性，而更多集中在对情感、精神世界和她所处地域的探寻与传达，透露着单纯、可爱与情趣的内容，既生动鲜活，也诗性盎然，不仅将传统剪纸艺术的精髓呈现在纸端，也有着与现代艺术相结合的独特风格。

1

有一天，都叶梅一觉醒来，天已大亮，她看到外面又是一个清澈亮丽的早晨，从窗口可以望见延绵不绝的山脉和山上连天的兴安杜鹃，更远处是缓缓流动的卧牛河与白云。

群山、兴安杜鹃、白云，以及山下的河流、农田和绿树掩映的村庄，这些物象不仅构成了靠山村独有的风光，也给了都叶梅不竭的创作灵感，她的剪纸作品《回娘家》就是以此为背景创作的。她深深地爱着生育养育自己的家乡，因此她的很多作品都有靠山村和自己的影子。

都叶梅起床后，匆匆吃了点早餐就出了家门，翻过一座又一座山，到了"都家祖坟"。

山上的雾刚刚散开，背阴处的残雪泛着白光。坟地在另一座山的向阳坡上，四周是一丛丛、一簇簇争芳斗艳的兴安杜鹃。她对兴安杜鹃有着一种特殊的情感，至于什么情感，她也说不清楚，只要一看到靠山村漫山遍野的兴安杜鹃，心中所有的不快都一扫而光。她搬到卧牛河镇快30年了，每年春天下第一场雨之后，她都要回一趟靠山村，早晨迎着冉冉升起的太阳，走进大自然。她说：

韩冷 摄

"鹅黄般的小草从沟沟坎坎中露了出来，你能闻到小草和泥土混合的清香，尤其是兴安杜鹃花开的季节，看着满坡的杜鹃，仿佛回到了童年。"

当年都叶梅父亲承包了一座山，一面坡上长满了杜鹃。当时农村没有什么好看的花可养，父亲便将坡上的杜鹃移植到了院子里。村子里的人也学着他父亲，在各自的家门口移植了杜鹃。春天来临，各家各户的杜鹃花与村前村后山上的杜鹃花连成一片，宛若一幅美丽的山水画。

她记得，每年11月份，她和村子里的小伙伴都要到山上采折一些杜鹃枝回来，放到空瓶子里。等到春节那几天，枝上的杜鹃花就会含蕾绽放，红红的，给白雪皑皑的北方增添了浓浓的春意。

都叶梅8岁那年，距离靠山村五六公里的一个村子放映露天电影《闪闪的红星》。当时正是隆冬时节，气温在零下30多摄氏度，为了看电影，她和同村的人不辞辛劳，顶着寒风，徒步走到那个放电影的村子里。她说："我们一边看电影，一边不停地跺脚，等看完电影，手脚都冻得不好使了。"不过正是这场电影，使她永远记住了潘冬子这个名字。

"红星闪闪放光彩，红星灿灿暖胸怀，红星是咱工农的心，党的光辉照万代……"尽管她从一个懵懂少女到了一个满头白发的老人，但这首歌一直激励着她走到今天。

在电影《闪闪的红星》中，红色显现为一道鲜明的主题之彩，它不仅镶嵌在红星、红袖章、红领徽、党旗、映山红等各类服饰与道具之间，更通过巧妙的色彩搭配与光影交织，向观者传递出强烈的视觉冲击，同时隐喻着红色环境对冬子健康成长的深远影响。

都叶梅说："杜鹃花是最接近映山红的花朵，每当我看到杜鹃花就想起了《闪闪的红星》里的映山红，觉得那是世界上最好最美的花，是英雄的花。"

那时她最大的理想是当一名女兵，像潘冬子一样，雄赳赳、气昂昂地走在革命的队伍里，做革命接班人。

虽然她没有成为一个军人，可她对共产党的热爱始终不曾改变，潘冬子始终是她的榜样。

她经常对学生讲："你们生长在和平年代，在父母的呵护下过着幸福安宁的生活，和潘冬子相比，你们就像温室里的花朵，没有经历过大风大浪与严冬的寒霜。你们应该知道，现在的幸福生活是多么来之不易，是千千万万革命先辈们抛头颅、洒热血才换来的，所以你们要倍加珍惜，要好好学习，努力向上，不向困难和挫折低头，听党的话，迎着红领巾飘扬的方向勇往直前。"

在她的心里，杜鹃花就是映山红，映山红就是那飘扬的红领巾。

后来，她把杜鹃花做成了文创产品，比如：冰箱贴、钥匙链、胸针及女孩子脖子上的装饰品。

韩冷摄

她的很多作品也都是以杜鹃花为主题的，细腻的线条勾勒出杜鹃花的婀娜多姿，层层叠叠的剪纸构成了丰富的质感和层次感。透过作品，我们能看到杜鹃花在寒冷中的坚强和高洁，感受到了它带来的清雅和纯净之美。

杜鹃花也分很多种，尽管在植物分类上同科同属，但兴安杜鹃和南方常见的杜鹃花有所不同，兴安杜鹃不像普通杜鹃那样火红，而是偏粉色，带着浅浅的紫意，"严冬时储芳凝气，早春日含蕾流香，顶雪怒放"是兴安杜鹃的一大特点。

这一天，阳光依然那样灿烂、迷人、温馨，山上到处是兴安杜鹃，它们在阳光中毫无顾忌地肆意开放。她感觉有点热，脱掉外套，将衣服挂在树枝上，从挎包里掏出糖果、烟酒摆在坟前，上了三炷香，给太祖爷爷、太祖奶奶和爷爷奶奶磕了头。她做完这一切后，又拔掉了坟地里杂乱的野草，采摘了两大把兴安杜鹃花，恭恭敬敬地放在两座坟头上，这才在坟边一棵树下席地而坐。

这里远离尘世，悠远、幽静，可听到百鸟忽远忽近的啁啾和山下卧牛河的流水声，也可看到山坳里游动的牛羊。

说是"祖坟"，其实这里只埋着她的太祖爷爷、太祖奶奶和爷爷奶奶两代人。她的太祖爷爷、太祖奶奶是辽宁省庄河市人，清朝末年，举家从老家迁徙到当时还是一片荒野的扎兰屯市（后

改为扎兰屯市）卧牛河畔，垦荒种地，同时把祖传的剪纸技艺带到这片土地上。后来这里的人多了起来，逐渐形成了村庄，就是今天的扎兰屯市卧牛河镇靠山村。

　　都叶梅的太祖奶奶性格好，与左邻右舍和儿媳妇、孙媳妇相处都十分融洽。经常教自己剪纸，让她剪鸡、猪、鸭等。太祖奶奶还把剪纸技艺传授给了都叶梅的弟弟妹妹。都叶梅的童年时代是幸福的，虽然父亲不愿让她学习剪纸，但在她太祖爷爷和太祖奶奶的呵护下，还是由着她的性子来。

　　都叶梅的太祖爷爷、太祖奶奶当年"闯关东"的目的很单纯，仅

仅是为了生存的需要，因为呼伦贝尔地广人稀，是一个富庶之地。

美丽的呼伦贝尔草原上有很多传说，它的历史可追溯到远古时期，是众多狩猎、游牧民族的发祥地，东胡、鲜卑、室韦、契丹、女真、蒙古等民族曾繁衍生息于此，被史学界誉为"中国北方游牧民族摇篮"，在世界史上具有较高地位。它不仅历史文化底蕴深厚，而且还有优质的天然牧场，是世界四大草原之一，境内3000多条河流纵横交错，500多个湖泊星罗棋布，地跨森林、草甸草原和干旱草原三个地带。扎兰屯市则是呼伦贝尔草原上的一块"碧玉"，它地处大兴安岭山脉中段东麓、松嫩平原西侧，有"北国江南""塞外苏杭"之美名，原名布特哈，意为

"渔猎"。

　　扎兰屯钟灵毓秀，人文荟萃，有跌宕起伏的自然景观，也有郁郁葱葱的原始森林，境内群山叠嶂，河流密布。著名作家老舍先生曾赞叹："诗情未尽在苏杭，幽绝扎兰天一方。"

　　据专家考证，至少在距今7000年前的新石器时期，其境内的雅鲁河、绰尔河流域已有人类活动的踪迹。顺治年间，沙俄势力进抵我国黑龙江北岸广大地区，世世代代生活在这片土地上的索伦（鄂温克人）、达斡尔人、鄂伦春人等被迫迁居嫩江流域。清政府将嫩江流域的达斡尔人编为3个"扎兰"（也称甲喇，满语为参领之意），将鄂温克人编为5个"阿巴"（鄂温克语，意为围场、猎场），并派官员进行统辖。当时扎兰屯境内主要居住着鄂温克人，以狩猎为生。都叶梅的太祖爷爷、太祖奶奶迁居这里的时候，鄂温克人大多已随着奔腾的雅鲁河远去，而她的太祖爷爷、太祖奶奶继承了他们的文化和自然遗产，用雅鲁河的河水养育了子孙后代，内蒙古"都氏剪纸"开始在这里演绎新的传奇。

　　中国剪纸是一种用剪刀或刻刀在纸上剪刻花纹，用于装点生活或配合其他民俗活动的民间艺术。在中国，剪纸具有广泛的群众基础，交融于各族人民的社会生活，是各种民俗活动的重要组成部分。其传承赓续的视觉形象和造型格式，蕴涵了丰富的文化历史信息，表达了广大民众的社会认知、道德观念、实践经验、生活理想和审美情趣，具有认知、教化、表意、抒情、娱乐、交往等多重社会价值。

　　它最早起源于春秋战国时期，那时造纸术还没有发明，人们就运用各种能够镂刻的材料，比如在竹片、树皮、皮革、金箔上进

行雕刻。之后随着造纸术的发明，剪纸艺术得到了蓬勃发展，材料的易得让剪纸进入正轨，从而带动整个行业的发展。同很多传统的文化艺术一样，剪纸艺术在明清时期达到鼎盛，因而也衍生出很多流派，内蒙古"都氏剪纸"却自成体系，成为其中不可小觑的一支。

说白了，内蒙古"都氏剪纸"是以都叶梅为代表，作品包括窗花、条屏、鞋样花、枕头花、喜字、福字、寿字，以及记录生活其他方面的一些剪纸。到了都叶梅这一代，开始尝试重大题材创作，剪纸长卷突破了中国传统剪纸不能制作大型作品的缺憾。

都叶梅的代表作《中华大团圆》，长22.91米。被中国妇女儿童博物馆永久收藏的《龙铸奥运》，长166米。

郝叶梅
剪纸

内蒙古"都氏剪纸"的构成元素主要分为阴影、折线和直线等，都叶梅通过巧妙的构图和细腻的线条，表现物体的形状与质感，在纸张上留下深浅不同的刻痕，营造出丰富的光影效果，使作品更具立体感和真实性。折线和直线是内蒙古"都氏剪纸"艺术的基本构成元素，都叶梅通过精巧的折纸技巧，将纸张折叠多次，创造出各种形态的线条和图案。

别人剪纸都是画好图样，再用剪刀剪开，都叶梅却不然，她全凭自己的灵感，一气呵成，所有的作品都是她内心世界的再现。

一位专家这样评价她的作品："有淳朴的乡土风情，细腻的刀工手法，别具一格，尤其是大型作品，大气、张扬而又细腻、精致。"

2

一场秋霜过后，雅鲁河和绰尔河两岸的枫树、槭树、五角枫、桦树已经五彩斑斓，提前宣布了秋天的到来。

这是1967年农历八月的一天，从来不缺雨水的扎兰屯，与往年没有什么不同，山山岭岭斑驳陆离，层林尽染，呈现出一种奇妙景色。

靠山村也一片翠绿、一片金黄、一片嫣红、一片酱紫，宛若一幅匠心独运的水墨丹青。

都基德收工后，踏着晚霞向村里走去。秋水无痕，秋花尚在，小菊花在山野上浅浅地开着。虽然在庄稼地里劳作了一天，腰酸背痛，但秋的明澈与恬静，让他忘却了疲惫。他刚一进村，村里的快嘴婆就向他传递了他妻子分娩的消息。他便三步并作两步，快步迈入家门。母亲告诉他，他妻子又生了一个女娃。都基德原本期望二胎能生个男孩，将来长大了为他分担家庭的重担，殊不知，又是一个女孩，他顿时像霜打了一样，浑身软得没有一点力气，蹲到墙角卷了一支"关东烟"吸了起来，烟雾慢慢笼罩了他那张苍老而又如青铜般雕刻的脸。

女娃过了满月，都基德给她取名都叶梅，这在农村是一个司空见惯的名字，也意味着父亲对这个女娃的未来并不抱有什么希望。再后来，都叶梅的母亲又生了两个女孩和两个男孩，都家在村里成了一个兄弟姐妹众多的"大家"。因为都叶梅的奶奶27岁就去世了，母亲与父亲一样，整天下地干活，不能全身心照顾孩子，她们兄弟姐妹六人，都是太祖奶奶一把屎一把尿拉扯大的。

都叶梅的太祖奶奶是一个缠过足的女人，穿一件过时的大襟袄，可这并没有影响她的精明能干，她不仅操持家务是一把好手，而且还有一双灵巧的手。都叶梅发现，一把普通的剪刀和一张红纸，在太祖奶奶手里瞬间会变成魔术道具，只要剪刀一张一合，就会有一些小鸟或蝴蝶，轻盈地飘舞下来，她由此迷上了剪纸，当时她只有五岁。

都叶梅的太祖奶奶是内蒙古"都氏剪纸"的传人，至于内蒙古"都氏剪纸"从何而来，已无从溯源和考证。她只知道太祖奶奶是"名门闺秀"，当年家里还有"绣娘"，后来家道中落，嫁给了太祖爷爷。

到了太祖奶奶这一代，内蒙古"都氏剪纸"无论从表现形式上，还是技艺上，都有了质的突破。她太祖奶奶巧妙地运用阴阳相间、疏密等来点缀线条连接的自然与流畅。这种对表面形式的淡化与掏剪的特殊表现形式，将民间剪纸的平面镂空趣味和稚拙的美感发挥得淋漓尽致。

农耕收打、碾米磨面、驾车驭马、挑水背柴、养鸡喂猪、纺线织布、缝衣做饭等纹样，无不烙上太祖奶奶热爱生活、熟悉生活的印迹。

都叶梅的太祖奶奶不但心灵手巧，百巧百能，凡花草虫鱼、飞禽走兽，目能所及，皆能纳入针黹，剪于纸上，而且对刺绣也很在行，家里的枕头上、门帘上，她们穿的衣服上、鞋上，都有太祖奶奶的刺绣印迹。

逢年过节、迎亲嫁娶，村里家家户户都要贴窗花。这个时候，是她太祖奶奶最忙的时候，也是都叶梅最安静的时候。都叶梅守在太祖奶奶身旁，眼睛一眨不眨，悄悄观察太祖奶奶是如何用那把神奇的剪刀，将一张张红纸变成鱼虫鸟兽、花草树木和福禄寿喜的。一幅幅美丽的剪纸作品，占据了她的童年世界。有一天，她鼓足勇气对太祖奶奶说："太祖奶奶，我要学剪纸。"

太祖奶奶惊奇地望着她，仿佛她不是她的重孙女，而是另外一个陌生的孩子："什么，你说什么？"

"我要学剪纸……"她提高了嗓门。

"你才五岁，年龄太小了，还没剪子高呢，等你长大了，到了能拿动剪子的年龄再学吧！"

"不，不，太祖奶奶我要学，你教我吧……"都叶梅抱着太祖奶奶的腿，软磨硬泡。

"好孩子，等你长大了，太奶一定教你剪纸，你现在太小。"太祖奶奶抚摸着她的头，先是给她讲道理，后来发现无济于事，干脆将剪刀藏起来，不再搭理她了。

有一次，她趁太祖奶奶起身的时候，一把抢走太祖奶奶藏在屁股底下的剪刀，又拿了一块红纸，转身跑出家门。太祖奶奶挪动着两只小脚在野地里追赶她，怎么也追不上。她咯咯咯地边笑边

跑，将太祖奶奶甩得远远的，然后在一棵大树下停住脚步，故意气太祖奶奶。

那时正是春天，是扎兰屯最绚丽的季节，一只只鸟儿飞到了树上，低声细语，好像告诉人们："春天来了，春天来了……"

她当然不知道剪纸其实需要样子，这相当于绘画中的临摹、书法里的描红。

她照着树上的燕子剪，可剪来剪去，纸被剪了一个又一个洞，什么也没有剪出来，但她还是很开心，咯咯咯地笑着。

这一年春节前夕，都叶梅母亲从卧牛河公社供销社买了一块布料，计划给她们兄弟姐妹缝制过年的新衣服。她趁母亲裁剪完衣服到厨房忙乎的间隙，随手拿了一块布料剪了起来。当母亲发现时，她已将布料剪得"千疮百孔"，性情一向温和的母亲，气得脸色铁青，抓住她，狠狠地揍了她一顿。

东北过年的时候，天黑得特别早，六点钟天黑得已经伸手不见五指。除夕这天，天刚擦黑，村里就开始热闹起来，一座座农家院子里，自扎的红灯笼高高地挂在屋檐下，在洁白的飞雪中晃动。都叶梅记得，小孩子三个一伙，五个一群，穿着新衣服，拎着小小的红灯笼走东家串西家，像夏天的萤火虫一样，一闪一闪地游动着；一个个"二踢脚"和礼花蹿上天空，让夜空变得斑斓绚丽。

都叶梅说，那时候她们拎的灯笼都是自己制作的，用的是高粱的秆，有三角形的，也有四角形的，外面糊着油纸，而她的小灯笼与其他小朋友的不同，还贴着自己剪的诸如小鸟或小花之类的东西，她以一双稚嫩的小手，摸索着剪纸艺术。尽管她剪的那些东西有点不伦不类，但毕竟她敢于尝试，敢于向未知挑战。

都叶梅六岁那年，突发脑膜炎，连续几天昏迷不醒，送医院抢救总算保住了性命，可一直耷拉着脑袋，抬不起头来。父亲带着她几乎跑遍了周边的医院，医生们都束手无策，家里人认为她即使能够长大，智商也会受到影响。大概过了一年多时间，她竟奇迹般地康复了，智商没有受到任何影响，但身体却远不如从前结实。

由于身体虚弱，都叶梅八岁才踏进校门，和比自己小两岁的弟弟在同一个班上学。

放学后，都叶梅悄悄把太祖奶奶的剪刀拿出来，躲在别人找不到的地方学习剪纸。可没有纸，怎么办？她突然想到了用过的作业本。等作业本剪完之后，她又想到了课本。老师每讲完一篇课文，她就把这篇课文撕下来，照着家里养的鸡鸭鹅猪狗猫、山上的兴安杜鹃和落在院子里的鸟去剪，正是这个时候的胡剪乱画，练就了她的基本功。

到了期末复习阶段，老师发现她的课本只剩下一页，吃惊地问道："都叶梅同学，你的课本呢？"

都叶梅知道自己犯了错误，站了起来，怯生生地从书包里倒出一堆剪纸："我把课本剪了……"

"什么，什么？"老师看到一页页课本变成了各种动物和花草，好气又好笑，找到她的父亲说："你瞧瞧，你家二闺女把课本都剪成这个样子了……"

都叶梅的父亲听后大发雷霆，一天没让她吃饭，算是对她的惩罚，也让她长了记性。从此以后，都叶梅再不敢撕书和作业本了。

每次上美术课，她的作业都会受到美术老师的表扬，班里的同学很羡慕她。有的同学不会画画，求她帮忙，她说："我可以帮你们画画，完成作业，可你们必须给我一张白纸。"作为交换条件，同学们答应了她的要求。有时她会把剪出来的东西与同学们一起分享，

或直接送给这些同学。

那个时候，她最渴望的是能有几张红纸。

她偶尔也能得到几张红纸，父亲在生产队当会计，是村里的文化人，每年春节来临之际，村民们便会找父亲写春联，弟弟趁父亲不注意，偷偷拿几张红纸作为礼物送给姐姐，这是她最高兴的时候。

都叶梅十岁就能帮太祖奶奶和母亲纳鞋底了，这是一个技术活。首先用纸剪制出鞋样，再填制千层底，层数不得少于25层，布层

之间不得有褶皱，底边剪切必须留有1.5厘米的余地，并且要圆滑不走样。纳制时保持鞋底的清洁，走线必须以交叉方式进行。纳边时，不可走样，线迹排列整齐，不能扭曲，横竖间隔均匀。纳底时用力要适当，鞋底表面不能出现凹凸不平的现象。

她太祖爷爷和爷爷的脚都很大，对于一个十岁的孩子来说，觉得大得不可思议。她每次给他们纳鞋底，都感觉在无边无际的大地上奔跑，每一双鞋的鞋底，都会耗去她一个学期的空闲时间。有时

王秋花 摄

| 剪出来的幸福

候，太祖奶奶也教她刺绣，给自己的衣服上绣一些花鸟鱼虫。都叶梅的耐心，正是来自这样的磨砺。太祖奶奶是她的第一个启蒙老师，可以说影响了她的一生。

都叶梅说："除了纳鞋底，每天放学后，我还得绕道多走一里多地采一筐野菜喂猪。那时野菜也多，田间地头到处都是野菜。到了周末，一个人去放牛，晚上归来，实在走不动了，就趴在牛背上，让牛驮着走，等到了家，已经睡着了。卖了牛，家里又改养马，我就成了一个小小的牧马人。"

都叶梅有时还与弟弟妹妹们跟着父亲到河里抓东北蝲蛄。

村子前面有一条河，不是很深、很宽，可河水很清澈、干净，河里面有很多鱼和东北蝲蛄。那是夏日的傍晚，晚霞绚丽多彩，变幻莫测。起初，霞光淡白，后来变为宝石绿。以这绿色为背景，从地平线下升起两道淡黄色的光柱，映照着波光粼粼的河面。几分钟后，光柱消失了，霞光由绿色变为橙黄色，继而又变为红色。最后的景象是血红的天际变得乌黑，如同被烟熏过一样。就在夕阳沉落之际，东方现出了弧形的地球阴影。它的一端连着北方的地平线，另一端则连着南方的地平线，阴影的外缘呈紫红色。太阳越往下沉，地球的阴影就升得越高。很快，河流、紫红色的光带和西边天际的红色晚霞融为一体，黑夜就这样降临了。父亲带着她们摸黑来到河边，撒开自制的渔网，然后她们蹲下来，屏息敛声，静静等待。时间一分一秒过去了，突然，父亲站立起来，从河里拽上满满一网东北蝲蛄和鱼，她们高兴得叫了起来，这似乎也是她们的战利品，她们与父亲一道凯旋。这些童年的美好记忆，对她日后的创作产生了一定的影响。

在一个连纸张都稀缺的年代，都叶梅的父亲要养活全家四代11口人，还要供6个孩子上学，她家的生活状况可想而知。

在都叶梅的记忆中，从小学一年级开始，每学期开学之初她是最难熬的，老师天天催着让她交学费，她恨不得扒开一条地缝钻进去，躲开同学们的目光。1979年，她考上了高中，可只读了几个月，还是因为学费问题，依依不舍离开了学校，辍学回家务农，家务活落在了她的身上。

第二年，农村实行土地承包责任制，家里缺乏劳动力，她开始跟着父亲下地干农活。这并没有影响她的业余爱好，农村的广阔天地反而给了她创作灵感。虽然她父亲因为剪纸而打过她，不让她去剪纸（都叶梅的父亲至今认为剪纸是不务正业），但她从未放弃自己的追求。

有一天她铲地时，铲出一把锈迹斑斑的可以折叠的小剪刀，甫提有多高兴了。回到家，她将这把小剪刀洗了一遍又一遍，不知弟弟从哪儿找了一块砂纸，帮她把这把小剪刀打磨得锃亮。这把剪刀一直伴随着她到20世纪90年代，直至她去海拉尔时购买了一把张小泉剪刀，才将这把剪刀替换下来，那时她已是一个六岁孩子的母亲。

春天的靠山村宁静、美丽。都叶梅和太祖爷爷、爷爷、父亲仿佛不是在田野中劳作，而是在时间的边缘、在无尽白昼的边界做梦。晚上月亮出来了，圆圆的、亮亮的，挂在窗户上。她望着月亮，把这一天的劳动场景画下来，这为她今后创作积累了宝贵的素材。

收获季节过后，按照传统习俗，靠山村家家户户都要磨豆腐。全村只有都叶梅爷爷会填磨，因此每年轮到她家磨豆腐时，都会庆祝一番。这一年磨完豆腐后，爷爷、父亲与乡亲们像往年一样拍着手掌，唱起了丰收歌。都叶梅被深深感染，也边舞边唱了起来。后来，她把这个感人的场景剪成了剪纸作品《醉了咱们农家金秋时》。然而，就在这一年冬天，她太祖奶奶离开了人间，享年98岁，这无疑给了她沉重一击。她含泪在太祖奶奶的棺材头上，为太祖奶奶画了传说中的"犀牛望月，白马奔日"，以示悼念。翌年，太祖爷爷也离开了人世。

转眼到了1986年，有一天，卧牛河公社一位名叫石连泉的领导，专门骑摩托车到了都叶梅家，对都叶梅说："卧牛河公社要举办首届艺术作品展，你准备一幅剪纸作品参展。"当时，都叶梅很吃惊，她问道："你怎么知道我会剪纸？"石连泉笑了笑说："我家住在你们邻村，经常路过你家门口，每年过年看到你家贴的挂签和别人家的不一样，一打听是你剪的，才知道我们公社原来是藏龙卧虎之地，孩子，你剪的这些是艺术品啊。"这是她第一次听说艺术品这个名词，也第一次知道自己原来不是不务正业，而是在搞艺术。她便用母亲裱糊顶棚剩下的一块花纸，剪了一幅名为《农家小院》的剪纸作品，忐忑不安地参加了展出。这是都叶梅创作的第一幅写实作品，她的这幅作品表现的是自己家的生活：在自家茅草屋前，停着一辆父亲刚买的农用四轮车，弟弟抱着一只小狗坐在旁边，笑眯眯地看着满院奔跑的鸡鸭和与之争食的小鸟。扎兰屯市文化馆有关领导对她的作品给予了肯定，并说："你的剪纸乡土气息浓厚，很接地气，是真正的民间艺术作品。"此后不久，她受邀参加了扎兰屯市文化馆举办的绘画培训班。

这是她第一次走出村庄，开始与文化艺术界的老师近距离接触。主讲老师叶立夫毕业于内蒙古师范大学艺术系，是区内外著名油画家，主要作品有《鹿铃曲》《猎乡》等。

培训虽然只有短短一周时间，但对她来讲，不仅长了见识，开阔了视野，还使她对剪纸艺术有了全新的认识和理解。培训班结束前夕，叶立夫老师专门找她谈了一次话，对她说："艺术始终离不开生活的磨砺，只有在生活中才能找到你最佳的状态，你要甘于寂寞，坚守住这片土地，一定会有所作为。"

都叶梅记住了叶立夫老师的叮嘱。

当她知道剪纸是一门艺术后，更加刻苦地去学习这门技艺。

回到村里忙完农活后，一个人悄悄躲在家里剪，怕别人发现说她不务正业。她用自己最单纯的心灵感悟生活，以其独特的形式不断地丰富和拓展着剪纸艺术形象，所剪作品也一点点成熟起来。

3

雪花从天穹深处飘落，如同窈窕的仙女穿着白色裙子，用优美的舞姿向所有生物致敬，然后轻柔地覆盖在房顶上、草尖上、树叶上，瞬间，万物的本来面目被入冬以来的第一场雪悄悄地掩盖住了，取而代之的是一层薄薄的积雪。一眨眼工夫，雪花用自然的力量点缀了万物，将一切变得神秘起来。

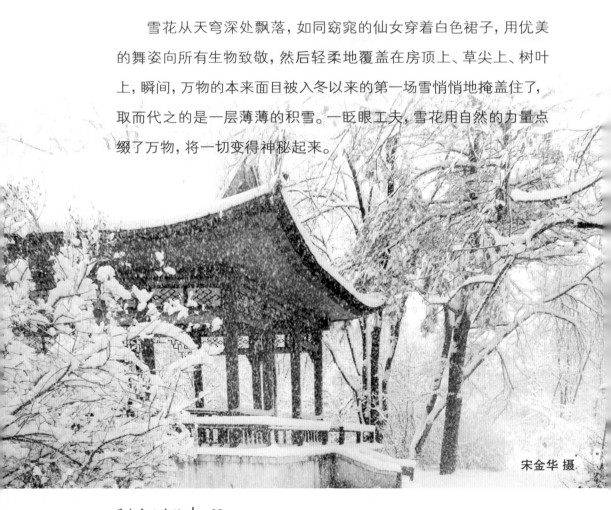

宋金华 摄

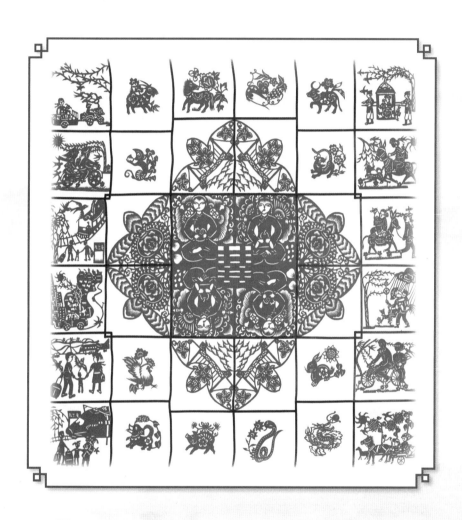

扎兰屯的冬天有另一种美，白雪皑皑，空旷原野，山峦起伏，简单到极致的线条勾勒出它独特的魅力。

此时的靠山村好像陷入了沉思之中，山前山后被白茫茫的雪雾笼罩着，偶尔会从一户农家院窜出一条狗，汪汪汪地狂吠几声，打破了靠山村的寂静。当主人出来时，它摇着尾巴追随主人而去。

1988年春节在飞雪中悄悄临近，都叶梅认识不久的男朋友与媒人踏着积雪，嘎吱嘎吱地向都叶梅家走去。她的男朋友显然是经过一番精心打扮，穿着那个年代时兴的军绿色上衣，背着的军用挎包里装着他给都叶梅父母亲带的"见面礼"。在农村，像她这个年龄段的人，自由恋爱的很少，婚姻大多由媒人牵线搭桥而成，都叶梅也不例外。

到了都叶梅家，她的男朋友显得很拘谨，给都叶梅父母的第一印象是老实、本分。她的男朋友提出过完年，等春暖花开之时完婚。都叶梅的家里人考虑到她的弟弟也到了娶妻生子的年龄，按照习俗，只有她嫁出去，弟弟才能成家，便同意了都叶梅男朋友提出的请求。

都叶梅说，她在结婚之前，只见过丈夫几面，彼此间根本谈不上了解。

1992年，上级有关部门给了扎兰屯市一个去内蒙古师范大学美术系进修学习的指标，毕业后定向分配工作，市文化局局长焦世宝和市文化馆馆长于同海推荐了都叶梅。面对这千载难逢的机会，她兴奋得几乎一夜未眠。那一年她正好养了一口猪，卖了300多元钱，上学的盘缠不用愁了。当时她的孩子刚满三个月，原本指望母亲给她带孩子，不料母亲断然拒绝了她的请求，丈夫也百般刁难，不让她去。就这样，她失去了一生中唯一一次上大学深造的机会。

事隔多年，她依然对此事耿耿于怀，一直不理解当年父母亲为什么阻止她去学习深造。她说："因为这件事，我一个人悄悄哭了无数次。"至今她还珍藏着内蒙古师范大学的录取通知书。

这件事虽然对她的打击很大，但她并未因此而消沉，反而暗暗下决心，一定要闯出一条属于自己的"阳关大道"。她开始如饥似渴地读书，还订阅了一份《中国书画报》，弥补自己理论上的不足。

通过学习，她清醒地认识到，现代社会生活的剧烈变化，使剪纸艺术的内涵和载体发生了一些变化。

国际视野下的传统剪纸艺术并未被人们抛弃，相反，未来剪纸艺术必将发扬光大，焕发出璀璨夺目的光芒。

都叶梅的丈夫在与她结婚之前就一直在外地打工，一年难得回几趟家，即使到了年终回来，也两手空空。

她问他挣的钱哪儿去了，丈夫总是能找出一百个理由搪塞她。

孩子正处于嗷嗷待哺期，一天也离不开母亲，可她还得忙完家里忙地里的。爷爷和父亲看她一个人打理不过来，春播之际，过来帮她把种子播撒到地里，以免延误了农时。到了锄草季节，她不好意思再麻烦年事已高的爷爷和父亲，便背着孩子下地劳动。

这一年夏天很热。田间地头，暑气蒸上来，湿热蒸腾。有几次，她感觉自己快支撑不住了，几乎要晕过去，还是咬着牙把地锄完。孩子患有淋巴结肿大疾病，在太阳的暴晒下，背部被灼伤，病情加重，高烧不退，她只得晚上到村医务室给孩子输液，白天干活，几天时间她就瘦了10多斤。

都叶梅的孩子由于体弱多病，一直在她背上长到4岁，才开始学习走路。

徐继江 摄

| 剪出来的幸福

她的孩子叫丛艺林，3岁就迷上了剪纸。都叶梅说："我发现她有这方面的天赋，就一点一点教她，先教她怎么样正确拿剪刀，再教她怎么样剪。"

　　她说："当时家里没有钱，地里那点收入，刚够解决温饱。为了给孩子治病，向所有亲戚朋友借遍了钱，最后干脆一分钱也借不出来了。没办法，春天去帮别人铲地，秋天给人家割地，一天能挣20块钱。钱一拿到手，赶紧到医院给孩子打针输液，这样的生活，过了整整4年，直至遇到一个老中医，治好了孩子的病。"

　　尽管种地做饭、照料孩子和生活中的烦琐事，占据了她大部分时间，压得她直不起腰来，但她仍坚持创作。此时的作品在技巧的表达上已日臻成熟，构图、线条、技法的多变，让人应接不暇，每一

王杰 摄

件作品都显得胸有成竹、有刃有余，看起来酣畅淋漓，毫无滞涩感。

这期间，她剪了不少窗花，除了《鲤鱼跳龙门》《百鸟迎春》之类的传统剪纸，还剪了一些古装仕女图。在阳光照射下，这些窗花显得玲珑剔透、生动鲜活，仕女就像在翩翩起舞。她的这些剪纸作品，引起了一个日本友人的注意，要购买她的作品。她记得那是一个美丽的傍晚，她收工后，带着孩子往家里走去，落日在眼前越变越小，先是一个整圆，渐渐地被云雾吞噬，变成了半圆，直到最后完全被云雾淹没了，只留下一个小红点，天空中出现了橘黄色的晚霞，肉眼已无法分辨出哪个是晚霞，哪个是落日，橘黄色的晚霞与橘红色的夕阳融为一体，在都叶梅的视线中彻底消失了。她被震撼了，吃完晚饭，将孩子哄睡后，准备把傍晚的景色画下来，突然听到一阵敲门声。开门一看，原来是乡政府的一位领导，这位领导说："告诉你一个好消息，有一位来扎兰屯旅游的日本友人无意间发现了你的剪纸，要买一些带回日本。"

"什么，有人要买我的剪纸，咋！剪纸还能卖钱？"她有点不相信自己的耳朵，在此之前，她的剪纸作品都是免费送人的。

日本友人相中的《捻线女》《浣纱女》《采莲女》和《采桑女》4幅剪纸，曾在新加坡展出。4幅作品，日本友人给了她4000元。钱到了手里，她还以为是在做梦。这是一组4条屏作品，描绘的是古代仕女的劳动场景。

所谓捻线是通过捻陀的转动，将手里的一团棉花制成线。捻线与做衣服、鞋子一样，在古代是妇女的一种基本功。都叶梅的《捻线女》表现的是一个古代仕女在翠竹掩映下，左手握棉花，右手轻轻地转动线轴，心思细腻、动作娴熟，身边是觅食的小鸡和绽放的花朵，整幅剪纸作品富有诗情画意、生活情趣。

"钱塘江畔是谁家，江上女儿全胜花。吴王在时不得出，今日

捻线女

采莲女

浣纱女

采桑女

公然来浣

纱。"这是唐代诗人

王昌龄的《浣纱女》。此诗

描绘了一幅十分迷人的画面。一群比

鲜花还要美丽的女子在碧绿的江水中，浣洗

着轻纱，她们欢歌笑语，如花的脸庞映着碧绿的江

水和水中的轻纱。不知都叶梅的
《浣纱女》是否受到此诗的影响，但
她同样为我们剪出一幅美丽的画面。

　　都叶梅在《采莲女》中，巧妙地将采莲女
的美丽与大自然融为一体，剪出了人花难辨的生动
画面，表现了采莲女天真烂漫、朝气蓬勃的性格。不禁使

徐继江 摄

人联想到屈原《离骚》中的"制芰荷以为衣兮，集芙蓉以为裳"，感受到采莲女如荷花般的心灵。采莲女的美丽，不是闭月羞花式的惊艳，而是如阳光般健康温暖。

中国北方古代盛产桑树，养蚕业相当发达。每当春天来临，女子们便纷纷外出采桑。由于采桑之处女子很多，往往也引来了许多男子，其地遂成为男女恋爱的场所。《诗经》中对其情景有生动的描写，如《魏风·十亩之间》云：

十亩之间兮，桑者闲闲兮，行与子还兮。

十亩之外兮，桑者泄泄兮，行与子逝兮。

这首诗描写了采桑人轻松愉快的劳动场景。

都叶梅的《采桑女》表现的虽然是孑然一身的仕女，但其笑态妩媚，鲜花簇拥。

20世纪90年代初期，4000元可不是一个小数字，作品售出的第二天，消息不胫而走，轰动了卧牛河，这无疑是对她的剪纸作品的肯定。

1992年对都叶梅来讲，是一个多事之年，她卖剪纸的钱拿回家还没有捂热，一个不好的消息传来。

秋末的黄昏来得总是很快，还没等山野上被日光蒸发起的水汽消散，太阳就落进了西山。于是，山谷中的风带着浓重的凉意，驱赶着白色的雾气向山下游荡。而山峰的阴影，更快地倒压在扎兰屯周边的山村上，阴影越来越浓，渐渐和夜色混为一体，但不久，又被月亮烛成银灰色了。

此时，都叶梅丈夫正开着一辆四轮车走在回家的路上，或许是因为薄暮时分视线模糊，行至一座桥上时撞了一个人。他赶紧将这个人送往医院，最终被撞者经抢救无效死亡。这一事件同样在卧牛河发

徐继江 摄

| 剪出来的幸福

酵，成了头号新闻。

都叶梅丈夫被拘留半个月，赔偿受害人家属7500元。在那个年代，这笔钱可是一个天文数字。她把家里唯一值钱的自行车卖了，再加上卖剪纸所得的4000元，也没有凑足赔款。

她一边照料孩子，一边四处借钱，凡是能说上话的亲戚朋友家，都跑了一遍。

那段时间，她的情绪低落到了冰点，到了崩溃的边缘，惆怅、失落、绝望，甚至想一个人到野外痛痛快快大哭一场，可又欲哭无泪。在她眼里，那一年的冬天似乎来得特别早，刚刚进入10月，她就闻到了冬天的气息。窗外的草木枯黄、凋敝，毫无生机，满眼都是萧瑟之意。一天傍晚，大片大片的雪花，从昏暗的天空飘落下来。刹那间，山川、田野、村庄，全都笼罩在白茫茫的大雪之中。她走出屋子，深深吸了一口潮湿冰冷的空气，头脑一下清醒过来，觉得自己再不能消沉下去了，便踏着松软的积雪，向田野走去，她知道，她的根在这片土地上。

徐继江 摄

4

都叶梅东挪西借，总算凑足了丈夫交通肇事所需的赔款，松了一口气。她原以为丈夫今后会和自己踏踏实实过日子，不料，丈夫从拘留所出来，非但没有感激之情，而且回家的次数更少了。

为丈夫借的债务要还，她和孩子还要生活，都叶梅举步维艰。她记得一个瓜果饱满红润、庄稼颗粒飘香的秋天，虽然金灿灿的小麦、谷子和苞米像小山一样堆在院子里，但她连加工米面的钱也掏不出来，没办法，只得和孩子天天"炒土豆"吃。不过每当她拿起剪刀，便忘记了一切烦恼，那些日子，能给她带来乐趣的只有孩子和剪纸。

日复一日，她每天从地里干活回来，吃完饭就取出剪刀和纸，让孩子当"模特儿"，开始潜心创作，并渐渐感悟到，现代剪纸的最终归宿是创新。创新当然需要保持一颗童心，无限的想象力和创造能力是剪纸艺术家最大的法宝。她始终遵循内心的选择，不去刻意迎合世俗世界的规则和审美，在想象力飞驰的自我世界中，一只农家鸡可以在天空自由飞翔，一片麦田可以照亮蔚蓝色的天空；她观察孩子的一举一动，听着孩子在游戏中对于这个世界的设定，从而获得灵感。有一天，她突发奇想，决定利用每年的农闲时间，走遍呼伦贝尔，把呼伦贝尔的山山水水用剪纸的形式记录下来。她说："自己虽然生于斯，长于斯，但对呼伦贝尔并不了解。"

呼伦贝尔市，以境内呼伦湖和贝尔湖得名。东邻黑龙江省，西、北分别与蒙古国和俄罗斯接壤，是中俄蒙三国的交界地带，与俄罗斯、蒙古国有1730多公里的边境线。呼伦贝尔市总面积25.3万平方公里，相当于山东省与江苏省两省面积之和。2012年7月9日入选国家森林城市。

呼伦贝尔市生活着汉族、蒙古族、回族、满族、达斡尔族、鄂温克族、鄂伦春族、俄罗斯族、朝鲜族等多个民族，全国"三少民族"自治旗——鄂伦春自治旗、鄂温克族自治旗、莫力达瓦达斡尔族自治旗均在呼伦贝尔市。

都叶梅与"三少民族"有过接触，但对他们的历史、文化和生活习俗知之甚少，她要从了解"三少民族"开始，了解呼伦贝尔。

鄂温克的意思是"住在大山林里的人们"，在全国民族人口不足两万人。鄂温克人解放前分为"通古斯""索伦""雅库特"三部分，解放后经过民族识别，统一称为"鄂温克族"。敖鲁古雅鄂温克又是鄂温克族中最少的一部分，户数不足200户，人口不足1000人，常年生活在深山老林，以狩猎和驯鹿为主。

敖鲁古雅鄂温克族乡位于根河市最北部的敖鲁古雅河畔。"敖鲁古雅"鄂温克语意为"杨树林茂盛的地方"。敖鲁古雅鄂温克人是在300多年前从勒拿河一带迁到额尔古纳河流域的，当时有700余人。在勒拿河一带，他们就开始驯养和使用驯鹿，后来由于勒拿河一带猎物少了，他们便顺着石勒喀河来到了大兴安岭北麓的额尔古纳河流域。他们常年生活在深山密林中，穿兽皮、吃兽肉，住"撮

罗子"。

现如今，许多鄂温克驯鹿人离开了森林，过上了定居生活。不过仍有一部分鄂温克驯鹿人保持传统，坚持生活在他们热爱的山林里。

都叶梅去拜访鄂温克人是在一个春暖花开的时节。虽然春风习习，但山上背阴处的积雪和辉河的冰还没有完全消融。在未褪去的冬日暖阳里，生灵们盼着惊蛰虫鸣，盼着草长莺飞，盼着一树一树的花开。

都叶梅在当地一位朋友引荐下，走进一户地处呼伦贝尔草原深处、被大兴安岭西麓群山环绕的鄂温克人家，这里弥漫着闲适的生活气息。他们居住的柳条包显然有了改进，外面仍包裹着一层厚厚的毡子，里面却安装了现代取暖设备。

随着社会的发展，鄂温克人的生活环境发生了巨大变化，他们曾居住过的多种特色房舍逐渐退出历史舞台，柳条包却被完好地传承了下来。

柳条包是鄂温克人就地取材、因地制宜创造出来的特色民居

崔曙光 摄

| 剪出来的幸福

形式。柳条包构造简易，主体结构都是用红柳树的粗条杆筑成，外覆芦苇。门是由樟子松木或落叶松木加工制作而成，自然、传统、朴素。都叶梅看到，屋顶上开有一个奇特的天窗，朋友告诉她，这就是柳条包的窗户。室内设有炉灶，炉灶的烟囱便是通过天窗向外延伸出去的。平时，屋顶上覆毡子或苇帘，以遮风挡雨；到了冬季寒冷时，鄂温克人便会用毡子包裹住柳条包，以更好地御寒保暖。

筑造柳条包的材料都取自大自然。考虑到草木的生长周期，一般起屋前半年就开始准备材料了。不过搭建一个柳条包却很简单，只需两个人相互协助，大概一个小时就可以完成。柳条包正是凭借其易搭易建、冬暖夏凉等特点，一直传袭至今。

这户人家养着30头驯鹿，都叶梅还是第一次见到这种动物，那华丽的犄角和神态一下将她迷住了，感觉它们好像是从童话世界里走出来的。驯鹿是一种生长在严寒地区的动物，对食物的要求和选择较高，以食森林中的苔藓为主，根据季节不同也喜欢吃一些青草、树叶、蘑菇之类。苔藓是一种低等植物，主要生长在大兴安岭西麓阴冷潮湿的地方，一年四季森林中都有，但生长缓慢。

一头小驯鹿跑到都叶梅面前，用头蹭着她的裤脚，仿佛欢迎她的到来。

她的朋友说，驯鹿和鄂温克人的生活息息相关，他们日常穿的衣服、休息用的铺盖以及其他生活用品，甚至包括餐饮器具等，都以驯鹿皮毛以及驯鹿骨等原料来加工制作。长期以来，鄂温克猎民同驯鹿建立了很深的感情，对待驯鹿就如同对待自己的孩子一样，不但给它们取好听的名字，还给予百般呵护。

驯鹿还是鄂温克人嫁娶的聘礼，男方求婚时，首先要带来若干头高大美丽的驯鹿；结婚时新娘也要带回数目相等的驯鹿，有

崔曙光 摄

的甚至还要多一些；举行婚礼时，新郎新娘要牵着驯鹿在新搭的帐篷周围转几圈，表示人丁兴旺、驯鹿健壮。鄂温克人服饰上的花纹和衣扣，引起了都叶梅的注意，不过他们用的线也具有自己的特点。早期用兽骨磨成针，或用飞禽的硬翎削成针，先用锥子扎眼后再穿针引线。也有用钢针的。线的原料早期为牲畜的毛、尾、鬃和筋，多用手捻制而成，结实耐用。棉线是缝制一般布衣、绸衣所用。衣扣曾用过铜扣、杏木扣、骨扣、银扣等，富裕人家也有用翡翠、玛瑙、珊瑚及各种花纹光润的小石头做扣子的。布扣、扣线、绳扣是近几十年才有的，至于装饰，鄂温克人喜欢在衣服、靴、帽子上进行装饰。不论男女，鄂温克人的服装都镶边，妇女喜镶绿边，也有用黑布镶边的。在靴子、套裤膝盖、烟袋、衣襟、开衩、领子上都饰以各种花纹。

此行使都叶梅大开眼界，她把自己的所见所闻都画了下来，回去剪出了《驯鹿人》《美丽的驯鹿》等独具特色的剪纸作品。

翌年，她深入鄂伦春自治旗与莫力达瓦达斡尔族自治旗采风，正是这趟旅行，让她接触到一个鄂伦春萨满。

很早以前，都叶梅就听说鄂伦春是一个神秘的民族。那一天，她准备探望一位老猎民，在阿里河镇，有人告诉她说，嘎仙洞来了一个萨满，她出于好奇，去见了这个萨满。

嘎仙洞位于阿里河镇西北方向9公里处，是鲜卑人的发祥地。"嘎仙"是鄂伦春语，"猎民之仙"的意思。

大兴安岭北段的山巅，峭壁嶙峋，草木满山，溪水盈盈，嘎仙洞就坐落在这里一座高百米、长约千米的花岗岩峭壁上。都叶梅和镇政府一位陪同的工作人员拾级而上，她们攀爬至半山腰歇了一会儿。天上的白云如同水洗过一般干净、美丽，似乎伸

出手就能抓一朵下来。

嘎仙洞洞口高12米，宽19米，洞内南北长92米，东西宽27—28米，穹顶高20余米，犹如一座大厅，可容数千人。陪同都叶梅的工作人员指着洞内一个石桌说："这是用来祭祖的。"洞府是部落成员聚会的地方，洞内地面杂陈着碎石兽胃，有明显的火烧痕迹。洞内西壁上有北魏太平真君拓跋焘派遣中书侍郎李敞来祭祖时的铭文。前方一个衣着古怪的萨满，正蹲在一块石头上，口中念念有词。

都叶梅见到的这个萨满后来进了她的剪纸作品《最后的萨满》。实际上，在鄂伦春自治旗，让她难忘的东西很多，桦树皮制品就是其中之一。

鄂伦春人生活的大小兴安岭，桦树遍地丛生，棵棵白桦树，张张桦树皮，经过他们灵巧的双手，变成了各种各样的桦皮器皿、桦皮船等生产生活用具和工艺品，形成了古朴典雅的桦皮文化。

每年的初夏时节，桦树水分大，是鄂伦春人剥取桦树皮的季节。他们选取粗壮、挺直而又光滑的桦树，用刀子在树干的上端和下端各划开一圈口子，然后再在上下两口间竖划一刀，用双手将长方形的桦皮顺树干慢慢撕下来。来年，这棵树又能生出新的桦皮。

鄂伦春人无论男女老少，都是制作桦树皮制品的能工巧匠。他们人人都能用桦皮和马尾或狍、鹿、犴筋捻成的线，缝制各种所需用品，并在上面雕绘各种花纹图案。大型的桦皮用品有衣箱、水桶、篓子，中型的有盆、帽盒、针线盒、采集贮存野果用的小桶，小型的有碗、烟盒、药盒等。除了一般生活用品外，鄂伦春人还能用桦皮造船。桦皮船窄而长，一般宽不到1米，长约5米，用松木板做成两头翘起的骨架，用大张没有孔洞的桦皮做船底和船帮。全船不用一根铁钉，而是将松木削成钉，用以加固各部位。这种船可乘坐两三个人，用单桨划行即可。划行时声音极小，划着它出猎，有利于接近猎物，捕获野兽。

鄂伦春人熟悉山林的味道，就像熟悉妈妈身上的味道一样，他们一生所用的一切，都离不开山林。他们对桦树皮的精心改造和利用，让人不得不佩服，都叶梅被深深感动，她取出剪刀，将现场目睹的一切剪了下来。

都叶梅意识到，纸虽然简单，可它并不普通。一张白纸，代表了无限的可能性，即使没有多余的装饰，它依然可以变成美丽的艺术作品。

随着作品精细度的要求提高，一般剪刀渐渐无法满足她的创作需求，因此，她将普通剪刀换成了更加专业的剪刀。与其说是裁剪，不如说是变成了更为细致的切割，根据作品的复杂程度，一幅剪纸作品往往需要几个小时到几天时间才能完成。

她的《达斡尔人与鹰》，十分细致，细致到连鹰的羽毛都可以数得清清楚楚，让人对她的剪纸技艺惊叹不已。

从语言、风俗习惯、民间传说等方面看，达斡尔人可能是契丹人的后裔。辽朝灭亡以后，达斡尔人的先民迁徙到黑龙江以北。17世纪中叶，达斡尔人的先民分布在外兴安岭以南精奇里江流域河谷与东起牛满江，西至石勒喀河的黑龙江北岸河谷地带。在清代，南迁至嫩江流域，于是，大兴安岭和嫩江流域就成了达斡尔人的故乡。后来，由于清政府征调达斡尔族青壮年驻防东北地区及西北边境城镇，有一部分达斡尔人徙居呼伦贝尔、瑷珲及新疆塔城。

达斡尔人居住的地区渔猎资源极为丰饶，一向有"棒打狍子瓢舀鱼，野鸡飞进饭锅里"的说法。在清代，东北地区一些少数民族，

都有貂皮之贡。贡纳貂皮，作为赋税，以表臣服之义。狩猎除经济职能以外，还具有政治方面的意义。于是，狩猎便延续下来。达斡尔人的狩猎，具有一定的季节性。春夏之际的两三个月，主要是打鹿，目的是获取鹿茸等珍贵药材。秋天主要是打狍子，获取肉食和皮张等生活用品。冬天主要打紫貂、松鼠等细毛兽，所获皮张大多用于出售。冬末春初，猎取鹿胎。直到新中国成立后，随着野生动物资源的减少和国家保护野生动物资源政策的实施，狩猎才最终从达斡尔人的经济生活中退出，可鹰猎人没有消失。

经过能手的训练，出色猎鹰的羽毛会变成深绿色，而不是黑色、黄褐色、紫色或白色，双肩变得比原来整齐且宽，颈部比原来略细，嘴更尖锐而成钩状，神气高傲，捕力大，飞速快，每次出猎都能为主人捕到很多山鸡和鸡兔。

正是这次与鹰的近距离接触，使都叶梅喜欢上了鹰，也剪出了形态各异的鹰。

每个民族的服饰中都有其文化符号和象征，都叶梅不论走到什么地方，首先观察人们的衣着打扮。她发现达斡尔人，尤其是男子的服装很有意思。达斡尔人的服装是由布匹、狍皮和羊皮等多种原料制作的。早先，男子的服装以狍皮为主，只有夏装和内衣以布为料。他们的狍皮服装分为冬季和春秋装两种。用晚秋、冬季和初春季节的狍皮制作的皮袍被称为"德力"，绒毛厚，防寒性能强，轻便保暖，为便于骑马，皮袍前后下摆开衩。用晚春、夏季和初秋季节的狍皮制作的皮袍称为"哈日米"，因长绒已脱落，毛薄，宜于春秋穿用，是猎人和入山伐木者理想的外衣。达斡尔人称为"其卡米"的皮靴，是用狍子的下腿皮毛朝外拼缝成靴靿，以狍脖皮为底制成的。人们脚穿毡袜或裹靰鞡草，再套"其卡米"，保暖轻便，适于在林海雪原中行走，是猎人必备的冬季防寒靴。从前，达斡尔猎人还戴一种用狍子或狼、狐狸的头皮做的帽子，取兽头的整张皮为帽盔，兽耳向上挺立，还嵌入两只眼睛。猎人戴这种帽子便于接近野兽，起伪装作用。

达斡尔人的传统交通运输工具，可以分为陆路交通工具和水路交通工具两大类，陆路交通工具有马或者牛拉的勒勒车、爬犁、滑雪板等，水路交通工具有独木舟、桦皮船、木排和木船。其中，最具特色也最能体现达斡尔人手工技艺的就是勒勒车。

勒勒车，又名大轮车、磊磊车、大轱辘车，其使用历史可以上溯到以"车居民"之名而著称于世的斯基泰人，其后历经众多草原游牧民族的兴衰嬗变却承传不衰。这与北方草原复杂的地理环境和游牧民族的生活方式是分不开的，是北方游牧民族适应生存环境的一种创造。勤劳智慧的达斡尔人继承了古代游牧民族的制车技艺，并不断地加以改进，使之更加结构合理，轻便耐用，美观大方。这种车具有高轮木制、简便实用的特点。轮高约1.6米，辕长约3米，车体、车轴和轮子都是采用黑桦木、柞木为材料制成的。其自身重量在200公斤左右，载重量500公斤以上。这种车结构简单，制作容易，取材方便，行走轻快，非常适用于山区荒原和沼泽河溪地区的道路交通。运送生产资料和生活用品，达斡尔人主要靠勒勒车。出门远行，探亲访友，达斡尔人也常常以勒勒车代步。勒勒车一般用牛驾辕，一个童子能驭三五辆车，一个成人可以赶一长串勒勒车，多时有二三十辆，犹如一条长龙，其场面蔚为壮观。

达斡尔人的勒勒车，从结构式样上大致可以分为四种类型：普通车、苇厢车、篷车、长辕车。不带厢、篷的普通车，叫"杭盖特日格"，主要用于运送货物。苇厢车，达斡尔人称之为"卡日奇木勒特日

格"，是在普通车车厢上加上了遮风挡雨的苇厢，主要作为代步工具使用。在过去，人们走亲访友以及为出嫁姑娘送亲时通常坐苇厢车。在苇厢的上面用柳条支起半圆形的棚架，然后加盖遮挡阳光和雨雪的苇席子或桦树皮，即成篷车。篷车，达斡尔人称之为"木拉日特日格"，这种车是在苇厢车的基础上改进而成的，风雅别致，乡村姑娘出嫁大多乘坐篷车。长辕车的车辕长达5米，比普通车的车辕长2米，这种独特的构造设计是为放木排的人们在山里运送长原木而准备的。达斡尔人制造的勒勒车在周边民族中享有极高的声誉，被广大的汉族群众誉为"草上飞"，被蒙古族牧民誉为"达斡尔车"，历来被人们称道。

都叶梅的剪纸长卷《勒勒车》，以小见大，通过勒勒车，表现了达斡尔人生活的方方面面。

她描绘鄂温克人、鄂伦春人和达斡尔人的剪纸作品可谓是"草原三部曲"，像是一部生动的纪实电影，传递的意蕴丰富而淳厚。

都叶梅的多样性创作长期围绕着对剪纸创作的回望与审视，尤其是针对过往剪纸史的道路，对现成方法的反思与搁置，对经验的整饬和辨察，以及对技术的发挥和运用，来达成主体与客体的适时转换。具体到实践中，她总是试图建立起个体的独立思考和表达维度，又自觉地将自身从既有的程式中抽离，强调以客观视角介入创作的过程与最终视觉的感受，从而实现其工作的独立性和开放性。

5

对都叶梅来说，故乡并非只存在于记忆中，只能被怀念与回想，她的故乡是具体的、动态的。1997年5月，扎兰屯市政府、呼伦贝尔广播电视台、呼伦贝尔展览馆、卧牛河镇政府等6家单位在呼伦贝尔展览馆为她举办了个人作品展，共展出《美丽的草原我的家》《故乡的杜鹃花》《多彩呼伦贝尔》等系列，以及《呼伦贝尔古城》《海拉尔火车站》等300多幅与故乡、草原有关的剪纸作品。这次展览是都叶梅早期代表作的一次集中展示，从小巧玲珑的农家窗花到气势磅礴的剪纸长卷，可以发现，她的作品对客观事物不再是简单地描绘，更多的是融入自己的主观意识和情感。每一件剪纸作品都是一个特定的世界，一个旨在管理"感觉""节奏""狂喜"或"悲鸣"等基本情绪的世界，又或者只是普通的美。剪纸艺术为感知、社会和心理认知提供了新的或不同的可能性。

都叶梅的作品中有一种栖身于静谧的动态之美，一种"形而上的风景"和"轻快的幻想曲"，虽然描述的是这个世界的平面，但都叶梅是在清醒的冥想状态中进入这个平面的，并忠实地将其转化为剪纸。其中一些作品让人联想起草原、森林、故乡之外的东西。

尤其是那些蕴含强烈时代精神的红色文化剪纸作品，颇具特色。她不仅将红色文化剪纸创作融入了自己的生命之中，也将剪纸艺术融进了时代发展的洪流之中。她用红色文化剪纸艺术诉说着新中国的"红色"故事，展现了共产党员不忘初心，勇立潮头的光彩。她的每一幅作品都承载着深刻的红色文化内涵，渗透着厚重的历史感，展现了共和国的时代变迁。

当代剪纸所需的异质性与互联网上不断被篡改和翻新的图像在某种程度上是统一的，它们是视觉信仰循环系统中的"时代知识洪流"，它们内在联系，外在共存。

都叶梅剪纸的红色文化题材主要是呈现中国共产党领导下的诸如新中国诞生、抗美援朝、改革开放等具有历史性意义的国家大事件。围绕此类题材，她运用"情节性"剪纸手法，通过表现瞬间定格画面来再现红色文化事件的历史性场景，并采用全景式构图着力把"时间流动的情节过程"呈现在剪纸的二维平面空间里。这一类

剪纸作品着重表现人物群像，借由人物群像的刻画展现内容丰富的时代场景画面，是众多人物和大场面的巨制。并根据特定的场景为构图依据，用诸如多层式、辐射式等构图布局将人物合理安排在既定的场景之中，以此来打破剪纸二维空间的局限性，从而展现流动时间内宏大的叙事场景。

都叶梅的红色文化剪纸艺术以现代的、多元化的视觉艺术魅力，成功地探索出了属于自己的艺术道路，并表达了自己对红色文化的崇高敬意。她运用"画中有画"的图示语言来展现"红色人物"光彩，通过情节叙事手法呈现"红色场景"的恢宏，同时结合单色剪刻工艺来传递红色精神内涵。她的红色文化题材剪纸紧贴时代，把握社会脉搏，呼唤时代强音，用新的剪纸艺术形式传递着红色文化精神的时代内涵，最终得以将红色人物、红色场景、红色精神等跃然纸上，从而成为了现代红色文化剪纸中的一员。

都叶梅的另一些作品，诸如兴安杜鹃花，借鉴了各种真实花卉的结构，经过多次选择，实现了剪纸中的异域气质和灵性渴望。这些作品既追溯了超现实主义亦幻亦真的心理感受，同时也为当代剪纸提供了基于差异化的"稀缺资源"——视觉的异质性、模糊的语义、精致的造型和画面的"当代容颜"。她通过对客观世界的理解、解构和改造，悄无声息地修改了物种的成像规则，使花不再仅仅是花。

流经呼伦贝尔草原的莫尔格勒河，号称"天下第一曲水"，它发源于大兴安岭西麓，由东北流向西南，汇入海拉尔河，全长290公里，属黑龙江正源额尔古纳河水系。莫尔格勒河河道十分狭窄，但极度弯曲。从空中俯瞰，河水蜿蜒，就像一条蔚蓝色绸带，一会儿东行，一会儿西走，一会儿南奔，一会儿北进，可以用九曲十八弯来形容。在《多彩呼伦贝尔·极致草原》中，莫尔格勒河显得不那么抽象、夸张，而变得具体、亲切，甚至有了灵性，它被都叶梅赋予了更多的精神层面的东西，穿过碧草连天的大草原，奔向都叶梅

韩冷 摄

所期待的美好未来。

　　作为一位善于捕获和调用图像的剪纸高手，都叶梅从时间的
沟渠里挖掘素材，在纵深的文化线索中撷取记忆，采集片段，借此
追问历史绵延在今天的意义。与此同时，她也深度关注海量信息
流动的当下，观察日常生活的资讯变化，那些广泛和即时的社会事
件与跌宕现实，在一种横向的扫描和筛选下，记忆得以重现，历史
及其对应的回声被加以凝固。

　　充满历史感的海拉尔火车站，体现了历史与现代在这个城市的
交融。1903年建立的站楼和2010年建成的新站奇妙地融合在一
起。她说，有一次，她走进这座古老的车站，好像是在时光隧道里
穿梭旅行，由此开始构思《海拉尔火车站》。

　　都叶梅是与扎兰屯这座新兴城市一起成长起来的，与之共同生长的是快速发展的现代化过程中，自然生成的视觉经验与审美机制。扎兰屯吊桥公园是她作品里经常出现的物象之一，这个公园比海拉尔火车站晚建两年，也就是"中东铁路"通车不久的1905年。

公园以"吊桥"最负盛名。吊桥由两根巨大的铁索悬空而成，上面系有42根细铁索，下面由木板铺就，行人往来桥上，如轻舟泊于水面。目前世界上只有两座百年以上的吊桥，一座位于俄罗斯的伊尔库斯克，另一座就是这座"吊桥"。在公园内，还建有一座苏联红军烈士纪念碑。1945年8月8日，苏联政府对日本帝国主义宣战，苏联红军出兵东北，打击日寇。8月13日，苏联红军先头部队通过扎兰屯向南进军，其后续部队在大兴安岭岭顶和岭东同日军发生激战，先后解除了驻守博克图和扎兰屯两地的日伪军武装。在这两场战斗中，有5名苏联红军官兵壮烈牺牲。当年10月，安葬5名牺牲红军并在火车站广场修建纪念碑。1957年夏，纪念碑移到吊桥公园重建。

都叶梅对公园太熟悉了，她记得小时候每次进城，都要来公园玩耍，几乎跑遍了公园的每个角落。那时清澈如水的她，认为吊桥公园是全世界最好的地方。

公园内古木参天，杨柳婆娑，亭台错落，绿草如茵，碧波荡漾，可谓处处皆景。而这里的风光四季不同，各具情态，情景迥异。初春，杂树生花，绿柳垂丝；盛夏，湖光流彩，水榭花香，蝶舞鸟鸣，景色如织；深秋，霜叶飘摇，丹枫簇簇，林木疏疏，一片斑斓；冬日，银装素裹，雪树琼枝，粉妆玉砌，玉雕穹宇。

都叶梅的四条屏剪纸扎兰屯吊桥公园系列《春夏秋冬》及《苏联红军烈士纪念碑》，就是从时间的沟渠里挖掘出来的。她将历史与当下、真实和虚构浓缩在小幅微观的方寸之间。

　　都叶梅一直深度迷恋着时间，在依次穿越时间所覆盖和应对的有关历史图景与现实坐标上，试图在创作中走进前人未曾涉猎的世界，使她秉持着敏锐的感知，在描摹故事和虚构画面时，自觉地形成诗性的张力，最终，在对作品视觉形象的凝视中，一个更为广阔而庞杂的想象空间被唤醒。

　　中东铁路是"中国东方铁路"的简称，亦称"东清铁路""东省铁路"。1903年7月14日，中东铁路全线通车，并开始正式营业。中东铁路全长约2500公里，干支线相连，恰如"T"字形，分布在中国东北地区。

　　扎兰屯站是中东铁路西线的重要中间站，地处大兴安岭和松嫩平原接合地带，是中东铁路通过大兴安岭隧道向南进入松辽平原的第一大站。扎兰屯"中东铁路博物馆"建于1905年，属俄罗斯风格，又称沙俄石头房，原为中东铁路沙俄护路军队兵营，现为全国重点文物保护单位。该馆是全国唯一一座以中东铁路为题材的专题博物馆，馆藏文物主要是历史图片资料和实物，分为东省铁路时期、中长铁路时期、中东铁路的移交等五部分，全面诠释了中东铁路百年沧桑史，是了解中东铁路历史的最佳窗口。都叶梅以《中东铁路博物馆》为题，向观者展示了中东铁路的前世今生。正是在这种历史与现实的交替中，都叶梅达成其作品的重要指向——让人们不要忘记这段历史。

　　都叶梅展出的作品，更多地承托着她的不仅仅是故乡，还有梦想与情感，柔和又审慎的剪纸语言下勾连着她们那一代人的视觉记忆、身体记忆和情感记忆，《柴河风景区的月亮》凸显了这一点。

　　柴河风景区位于扎兰屯市西南部，距扎兰屯市区185公里。景区内有大兴安岭南段典型的森林生态景观以及火山群、天池群。火山喷发造成的典型玄武岩河谷，多处山体被切割成悬崖峭壁，柴河、绰尔河及其支流沿山谷奔流，青山叠翠，草木葱茏，景区因河得名。

　　柴河景区地质构造属第三纪侵蚀夷平面。基岩大部分是中生代中酸性火山岩，部分为花岗岩。局部地区为第四纪玄武岩的大量喷出物所覆盖，形成面积不等的石塘。强烈的地质构造运动形成了火山地貌，使景区内山高谷深、岩石裸露，悬崖峭壁触目皆是，水流湍急，奔腾不息。

　　有一年夏天，都叶梅与几个朋友驾车来到柴河风景区，天已经黑了，夜幕将天空压得很低，娩出深沉而浓烈的幻想，一轮圆月像是罩在夜幕上的洁白面纱，光晕一片。慢慢地，光晕被徐徐而至的微风揭去，露出了皎洁的月亮，卧牛湖、百兽山、大峡谷顷刻间从黑暗中脱身而出，一下变得清晰。都叶梅如置身于幻境，感觉自己是在月亮上穿行，周边的景物也成了月亮的一部分，天人合一，回家后不久创作了《柴河风景区的月亮》剪纸作品。

　　都叶梅这种带有乌托邦式对于时间、空间的穿越，向人们展开了一种崭新的认知与观看方式，既让你逍遥、沉浸于转瞬即逝的当下时刻，也让你再一次凝神际会地点上的时间以及传统与当下交互

再生的新景观。

在这次个人作品展中，从半开放的公共空间延伸至展览空间，呈现的不仅仅是红色文化，还向我们展示了一个由农耕、畜牧、森林、湖泊、草原和城市化进程中的鄂温克族、鄂伦春族、达斡尔族、蒙古族等构成的呼伦贝尔。当带着这些色彩的剪纸与外部的社会历史、观者的个体记忆产生联结，画面内外的温度、气味、色彩与情绪产生的"化学反应"共同牵引出了一个时代的印记。

李世国 摄

6

正是1997年的这次"个展"，改变了都叶梅的命运。她撤展后，天气越来越热，一碧千里的绿浪从南方席卷而来，山上的游人多了起来。在这个充满生命力的季节，林间草地盛开着颜色各异的野花，形形色色的昆虫也开始活跃起来，大自然犹如童话，毫不掩饰地展示着最灿烂的一面。

一天早晨，都叶梅刚把孩子送到学校返回家中，突然听到一阵敲门声。开门一看，一个陌生人出现在面前，这个人说："您是都叶梅大姐吧，我是卧牛河镇政府的工作人员，镇长找您有事呢，让您现在去一趟他的办公室。"

"镇长找我？"都叶梅很吃惊，她又问道，"啥事？……"

"肯定是好事呗。"那名工作人员连屋子也没进，下了门口的台阶，抬起右脚，跨上停在门口的摩托车，一溜烟而去。

都叶梅没有多想，跑到邻居家借了一辆自行车，紧随那名镇政府的工作人员，匆匆赶往镇政府。多年来，卧牛河镇政府对她的剪纸事业一直给予关注和支持，一些领导和工作人员还帮她往外推销剪纸，这次"个展"就是由镇政府牵头，协调各主办单位举办的。

在那个年代，手机还是奢侈品，普通人用不起，没有电话的小村子，信息依然靠人工或信件传递。卧牛河镇政府离靠山村12公里，她出了村，刚拐上那条通往镇政府的小路，天就开始下起了雨。细细的雨丝织成了一张硕大无比的网，从云层里一直垂落到地面上，远处黛色的群山，近处粉红色的野花，嫩绿的杨树，柔软的柳枝，都被笼罩在这张无边的大网里。蒙蒙小雨中，她停下自行车，把它靠在路边一棵大树上，深深吸了一口湿润的空气，站直，舒展双臂，活动了一下筋骨。这一动，如同挣脱了禁锢自己的某种东西，有一种说不出的轻松而愉悦的感觉。她每天除了田间劳作、接送孩子上下学、干家务活，还得坚持剪纸，因为积累的素材还排着长队等着她，不允许她休息片刻，她很少能静下来，与天地"沟通"。而此时的她，完全忘我地融入大自然之中。她突然发现，眼前的一切竟那样熟悉，又那么陌生，甚至无法确定，自己是不是站在家乡的土地上，或者只是在梦中穿行。她足足停顿了10多分钟，继续前行。这次她没有骑自行车，只是推着它，慢慢地向前走着，湿润的空气和细小的雨滴，轻缓地滑过她的皮肤。她眺望着朦朦胧胧的远山、苍翠的田野、隐没在雨雾中的村落，来了灵感，从上衣口袋里掏出一个小本子，迅速将眼前如画的美景勾勒出来。

到达镇政府时，雨已经停了，太阳又开始散发着温暖的光芒。紧接着，一道宏伟壮丽的彩虹横亘在天边。在阳光的照射下，彩虹散发出绚丽多彩的光辉，将蓝天映得更加辉煌耀眼。

都叶梅走进镇长的办公室。镇长正在看文件，见她进来，把文件放到办公桌上，招呼她坐下，给她倒了一杯水，然后开门见山地说："小都啊，过去我们对你的扶持力度还不够，昨天经过我们领导班子研究，准备聘你到镇文化站工作，这样你就有更多的时间搞剪纸了……每月给你200元补助，不过是临时聘用，等时机成熟了再转正，你回去和家人商量商量，自己也考虑一下。"

"太好了！镇长，不用和家人商量，家人肯定会同意的，什么时候上班？"都叶梅站了起来，感激之情溢于言表。

"如果没有意见，回家安顿一下，下周就可以来上班。"镇长微笑着说。

都叶梅还想说一些感谢的话，一时又不知说什么好，只是一个劲地说："谢谢，谢谢……"

回到家的那一天晚上，她辗转反侧，难以入睡。结婚以来，丈夫在外打工，回家像住店，一年难得露几回面，也不往家拿一分钱，家里的吃喝拉撒、供孩子上学，全靠地里那一点微薄的收入，个中的酸甜苦辣无处诉说，只有她自己知道。

镇文化站既是联系村民的纽带，也是对外宣传的窗口。她到文化站工作后，又全身心投入到打造镇文化站的工作上。镇文化站的工作很杂，她经常组织各种讲座，向村民普及科学文化知识，传递经济信息。根据村民的需求和设施、场地条件，开展丰富多彩的群众喜闻乐见的文体活动和广播、电影放映活动。协助市文化馆、图书馆等文化单位配送公共文化资源，开展流动文化服务，保证了公共文化资源进村入户。在她的建议下，镇政府投资在各村建立了"文化墙"。通过"文化墙"，都叶梅用绘画和剪纸的形式，向村民及时宣传党的方针政策，传播红色文化。通过她的宣传，村民们逐渐明白，红色文化是以红色基因为核心，深刻吸纳了中华优秀传统文化所蕴含的丰富的哲学思想、人文精神和道德理念。它深刻反映了中华民族自古以来的梦想和追求，凝结了中国人民的伟大创造精神、伟大奋斗精神、伟大团结精神和伟大梦想精神。这种文化充满了浓

| 剪出来的幸福

厚的中国味、深厚的中华情、浩然的民族魂，集中而深刻地彰显了中华民族独特的优秀文化传统与精神风范。她还在市文化部门的指导下，搜集、整理非物质文化遗产，开展非物质文化遗产的普查、展示、宣传活动。也就是从那时起，她才知道自己所传承的剪纸就是一个"非遗"项目。

非物质文化遗产，是指各族人民世代相传并视为其文化遗产组成部分的各种传统文化的表现形式，以及与传统文化表现形式相关的实物和场所，其与各民族特殊的生产、生活方式息息相关。它是一个国家和一个民族历史文化成就的重要标志，是中华优秀传统文化的重要组成部分。

剪纸是我国较为突出的非物质文化遗产之一，内蒙古"都氏剪纸"是草原文化滋养出的艺术奇葩，其独特的艺术表现极具张力。

内蒙古"都氏剪纸"表现形式不拘一格，阴阳互相交融契合、主题中背景与画面交互穿插，以最简约的表现形式包容着尽可能丰厚的民俗文化内蕴，体现了呼伦贝尔浓郁的地域文化特色。于是，都叶梅申请了"非遗"。

2014年，都叶梅申请的"非遗"项目获得批准，她先后成为呼伦贝尔市和内蒙古自治区两级"非遗"传人。过了几年，女儿也成为呼伦贝尔市"非遗"传人。

都叶梅还在文化站接触到很多过去无法接触到的人和事，不但活动圈子扩大了，视野不再局限于农家小院，而且有了充足的创作与思考时间。她在工地中逐渐认识到，自己文化底子薄，与一名优秀的乡镇文化站工作人员相比，还有一定的差距，需"强筋壮骨"。为此，她研读中国古典文学、哲学、美学及时政方面的书籍，加强这方面的修养，同时到市文化馆拜在当地颇有名气的书法家李德厚为师，跟他学习书法。她在一篇文章里曾看到这样一段文字，"一部中国书法史，是一部汉字的演化发展史，也是一部形象的中国文化史。博大精深的中国书法，是博大精深的中国文化的基础和缩影"，对她颇有启发。

书法、绘画与诗词都是中华文化中的精髓，书法、绘画是线条的艺术，诗词是语言的艺术。书法、绘画之美，通过笔者的酝酿、提炼与升华，形成于笔端，可以含蓄蕴藉，可以幽婉隽秀，可以清新自然，可以恢宏奔放，书法、绘画之美与诗词美相辅相成，剪纸亦然。

她根据《红楼梦》中诗词剪出了"春恨秋悲皆自惹，花容月貌为谁妍"的《金陵十二钗》。这一组作品可以说是她的突破"瓶颈"之作。

这组剪纸作品，同样并不事先规划和预设，而是从诗词描绘的场景，捕获灵感与截取片段。这种带着随机和即兴意味的切入，使得她总是有意识地剔除来自素材既有的叙事性，在尽可能削弱剪纸复杂化的同时，通过集中对人或物的处理，形象由此进入自然生长的状态，那些已然跳脱出素材的似是而非的事物，像书法一样，继而扭曲着线条，涤荡着情感，内心也愈发驳杂和生动。

此间她还创作了《沁园春诗词剪纸》《秋梦》《玉兔吉祥》等多幅探索性剪纸作品，她的这些作品既有绘画传统的构图原则，又有对自我"洗心革面"的探索，当简则无，当繁则丽，线条极其流畅。

都叶梅在镇文化站工作了两年多时间，后因镇政府财政困难，精简人员，她又回到了村里。可这两年，她学了不少东西，正是在此期间，更多的人知道了她的名字，认识了她的作品，其作品逐渐被市场接纳，每年都能陆陆续续卖出一些。她离开文化站的第二年，上海一私营企业家，看到她的剪纸后，专程从上海飞抵扎兰屯，出价

12000元，购买了她的《百福图》《百寿图》和《群猴》作品，这是继日本友人高价收购她的剪纸之后，又一次被市场认可的见证。

无论是短暂离开，还是回归，都叶梅一直认为自己是一个"务农的剪纸艺术家"，因而她的生活与艺术实践，在跳转于田垄与城际之间，并以剪纸这种特殊的艺术形式，诠释人与自然相连接的复杂关系：在对抗与共存的人地互动中，她以透彻的观察提取出人与自然的意念，从另类的视角发掘被遗忘的记忆碎片。

注：诗词第一句中"幼"应为"幻"。

7

　　时间的脚步已经跨入2000年，这一天都叶梅很早就起床了。她给孩子做好早餐，走出屋子，望着满院子站立的绒山羊，不知是喜是忧，对于即将开始的全新的"游牧"生活，一脸茫然。

　　阳光渐渐温暖起来，洒在院子里，洒在绒山羊身上。风也慢慢地温和下来，拂面而过不再寒意无限，轻轻地滑过去，没有一丝声息。在农家院长大的都叶梅，干农活是一把好手，搞家畜养殖却是"门外汉"。她将加工好的秸秆倒进食槽，几十只羊一下围拢过来，不顾一切地开始争食槽里的秸秆饲料。她掏出一块手帕，擦去额头上的汗珠，抬起头，望着徐徐上升的太阳，喃喃自语道："天气越来越好了。"

　　羊本来是散养家畜，在呼伦贝尔草原上，牧民将羊群赶到草地上，一边放牧，一边唱着悠扬动听的牧歌，那是一种诗意般的生活，而靠山村周围没有草场，冬天只能圈舍养殖。好在春天已近在咫尺，她掰着手指头数了数，再过半个月就能赶着羊群上山了。

　　村里有人见她真的养起了羊，半开玩笑半认真地说："你是个剪纸画画的，又是一个女人，养羊行吗？"都叶梅抿嘴一笑，什么也没有说，她有自己的想法。刚从文化站回到村里那会儿，都叶梅很失落、彷徨，好像再也回不到过去，适应不了"面朝黄土，背朝天"的生活，不知自己今后的路该怎么走。过了一段时间，她的情绪稳定下来，精神也随之振作。在镇文化站工作期间，都叶梅看到镇里很多人养殖绒山羊脱贫致富，当时就有过养殖绒山羊的设想，还几次到那些养殖户家中考察，认定这是个好项目，但由于条件所限，未能如愿。离开镇文化站，再没有了那些"规章制度"的约束，她又成了一个"自由人"，可以做一些自己想做的事。她拿出这些年卖剪纸和种地积攒下来的钱，雇了一辆大卡车前往盖州，购买了46只辽宁绒山羊。在运输途中，母羊产下5只羔羊，她认为这是一个好兆头。

辽宁绒山羊原产地盖州市，故又称盖州绒山羊，属绒肉兼用型品种，具有产绒量高，绒纤维长，粗细度适中，体形壮硕，适应性强，遗传性能稳定，改良低产山羊效果显著等特点，在国内外享有盛誉。

这一年的春天来得特别早，一夜春风，吹开了满山的杜鹃花。都叶梅将羊群赶到离靠山村70多公里的一座山上，在水沟边用塑料膜搭建了一个窝棚，住了进去。

扎兰屯市地处大兴安岭山脉中段东麓，松嫩平原西侧，地势西高东低、北高南低；主要有山地、丘陵、平原和河谷4种地形单元，按其表面形态组合的自然分布，可划分出中山分区、低山分区、丘陵分区和平原分区4个地貌分区。

都叶梅牧羊的地区是低山分区，山丘相互重叠，犬牙交错，山里套山，山外有山，连绵不绝。

她刚到这里的时候，山上的空寂让她害怕。夜深了，她起初听到羊群低沉的"咩咩"声与一些鸟儿清脆的鸣叫声，慢慢地，这些声音都消失了，一切归于沉寂，只能听见自己的呼吸声。后半夜，她被冻醒了，穿上棉袄出了窝棚，外面干净，澄明，通透，可以看得很远，到处飘逸着杜鹃花微醺的香气。天似乎快亮了，山上春寒料峭，她往紧裹了裹衣服，感觉无济于事，便借着月光捡拾了一堆枯枝败叶，燃起了篝火，一下让她陡生暖意。那升腾的火焰蹿升到一米多高，把寒气灼烤得喳喳作响，她的思绪也随之飞升起来。

回想起这些年所经历的坎坎坷坷，尤其是想到自己的婚姻，她不禁黯然神伤。燃烧的篝火升腾着，缭绕着，映得她的脸通红。她又突然想到这些年，市里、镇里对她的关心和支持。在上山之前，市妇联为了扶持她，还给了她10000元的无息贷款。她抬起头看见，天开始亮了，一会儿，一轮红日从对面的山上冉冉升起。

韩冷 摄

夏天到了，骄阳似火，窝棚被炙烤得像桑拿浴室。中午，都叶梅无法在里面休息，只好躲在树荫下避暑。遇到下雨天，她就遭罪了，外面下大雨，窝棚里下小雨。有一年，阴雨天持续了一个礼拜，她的被褥、身上的衣服和换洗的衣服都湿透了，也只能忍着。窝棚离山下的河流比较远，取水困难，她挖了一眼旱井，春夏秋季，全靠沉淀在这眼旱井里的雨水度日。

兴安岭的秋天来得总比预想得要早，一夜之间，枫叶在秋风中飘落，像上演着一场梦幻的舞蹈，橙红的色彩让人感到温暖。山下的田野，从绿色变成黄色，像一幅色彩斑斓的画卷。野菊花在秋日中盛开，花瓣的黄色和白色，让人感到祥和。秋天的颜色，也是一种渐变的美丽。天空的蓝色慢慢变淡，变成了灰色。阳光的金色被云层遮盖，变成了灰色。晚霞的红色，渐渐变成了深红色。这些渐变的颜色，让人感到岁月的流转，生命的变化。紧接着，寒风而至。到

了晚上，风似乎能把天上冻得瑟瑟发抖的星星吹下来。这是防火季节，都叶梅不敢生火取暖，只能裹着军大衣盖着厚被子坐一会儿，再出去跑一会儿，否则就冻僵了。

　　冬天到了，雪花静静地飘着，和着呼啸的寒风，落在山顶上，落在树梢上，落在大地上，装饰了大地和山川。扎兰屯的冬天虽然厚重而充实，但有一种"山雪水凉寒枝瘦，鸟鸣冬静人自情"的悲凉。都叶梅将羊群赶回村里，为了接羔保羔，她整夜守在临产的母羊身边，以免羔子出生后没有人看管被冻死。

　　艰苦的生活环境并没有让她放弃剪纸，她感到自己放的不是一群羊，而是一群蒙古马，一群从历史的尘埃里奔腾而来的蒙古马，扬着高傲的头颅，抖动着美丽的鬃毛，嘶鸣着，向她奔来。蒙古马是草原上的精灵，也是牧人忠实的伙伴，无论雨雪风霜，都无所畏惧，一往无前。

蒙古马原产蒙古高原，处于半野生生存状态，它们既没有舒适的马厩，也没有精美的饲料，在狐狼出没的草原上风餐露宿，夏日忍受酷暑蚊虫，冬季能耐得住零下40摄氏度的严寒。其体形矮小，头大颈短，体魄强健，胸宽鬃长，皮厚毛粗，能抵御暴雪，能扬蹄踢碎狐狼的脑袋。经过调驯的蒙古马，历来是良好的军马。

蒙古马能干、实干、会干，不华丽，很朴素，既能被当成马中贵族用于战场，又能被当成马中平民进入农田。

都叶梅根据自己对蒙古马的理解，剪出的《蒙古马》，其造型准确，神采飞扬，体现了蒙古马精神。她剪的蒙古马是"以其形而求其神"，即通过对蒙古马各种外在姿态准确细致的剪裁，表现出马的内在神采，反映出马的忠贞、驯服、剽悍、坚毅、活跃的性格。

都叶梅有着传统剪纸艺术家的思想与情怀，但她并不沉迷或刻板，身处当代社会及其对应的文化语境，她追求的艺术的深刻性、差异化和创造力，具体体现在她长期并专注建立的创作脉络与

体系中，大约表露着这样的情致：剪纸艺术为人们观看与辨察世界开辟着新的方向和路径，承载着表达认知、洞悉文化和孕育思想的功能，剪纸艺术之美一方面正为人们提供着视觉愉悦，同时也在试图追问，今天乃至明天人们普遍正在或者行将面对的共同难题。

《成吉思汗黄金家族》系列剪纸，也是她这个时期的作品。这组剪纸作品形式极为凝练和概括，语言含蓄而优美，造型夸张、抽象且富于想象，可以比作"无声的诗""有形的音乐"。这无疑是她追求理想过程中的又一个重要阶段。表现自我的装饰性简化，用最单纯却又最有表现力的剪纸色彩和造型组合，也就是平面装饰的构成性语言来表现自我，表达自己对自然、历史的深刻感受，最终营造一个和谐、宁静的世界。

都叶梅上山的第三个夏天，她的女儿放了暑假到山上去看她。刚下班车，就遭到一群野蜂围攻，全身多处被蜇伤，很快出现喉头水肿、呼吸困难的症状。都叶梅知道，如不及时送医院治疗，孩子随时有生命危险。可这里远离医院，交通极不便利，加之又无交通工具，怎么办？都叶梅急得快哭了，幸亏当时手机已经普及。她掏出手机，查看通讯录，发现一个李姓中医的电话号码，并迅速拨通了这个电话："喂喂，是李大夫吗，我是靠山村的都叶梅……今天我的孩子上山来看我，刚下车就被一群野蜂蜇伤了，身体多处红肿，情况很不好……"

电话那边传来李大夫的声音："不要急，慢慢说……"

都叶梅又将孩子的症状讲了一遍，李大夫告诉她一个偏方：将大葱切成末，与蜂蜜搅拌起来，涂在患处，即刻见效。

都叶梅告诉李大夫，窝棚里除了简单的生产生活用品和米面粮油外，没有其他储备。

李大夫问："你们在什么地方？"

她说："我们在一心村这一带的一座山上，不过离村子很远。"

"那你赶紧背着孩子下山，屯子里肯定有这两样东西。"李大夫比她还急。于是，她背起孩子就往山下跑。

山上离山下最近的村子也有十几公里。

已经是黄昏时分，昏暗的暮霭从天空压向山巅，天地缝合了，山下的农田由碧绿变成了湛蓝和暗灰。山路崎岖不平，加上都叶梅背着一个孩子，天色越来越暗，每走一步都异常艰难。事后她说，为了避免摔倒伤了孩子，她几乎是爬着下山的，手和膝盖都磨破了，十几公里的路程，走了三个多小时。进了屯子，漆黑一片，人们多已入睡，最后终于看到一户人家亮着灯，便敲开门，将孩子放到地上，都叶梅边作揖边说："你们家有蜂蜜和大葱吗，我的孩子被野蜂蜇伤了，情况很不好，需要蜂蜜和大葱……救救我家孩子吧。"

她遇到了一户热心肠人家,他家虽然没有蜂蜜,但户主人赶忙跑出家门,挨家挨户去寻找蜂蜜和大葱。天快亮的时候,才找到一户有蜂蜜和大葱的人家。孩子得救了,都叶梅却因惊吓和劳累,大病一场,在床上躺了一个礼拜。

　　三年多时间,都叶梅养的绒山羊由46只发展到106只,翻了一倍还多,她见好就收,把羊处理完,下了山。她计算了一下,养羊三年

张莉 摄

多，净赚5万多元。

养羊的成功使都叶梅尝到了"经商"的甜头，她下山后，看到镇里很多人靠贩卖蕨菜挣了大钱，自己又坐不住了，也加入到收购、贩卖蕨菜的队伍。

蕨菜，又叫拳头菜、猫爪、龙头菜，喜生于浅山区向阳地块，中国大部分地区均有，分布于稀疏针阔叶混交林；可食用部分为未展开的幼嫩叶芽，经处理口感清香滑润，再拌以佐料，清凉爽口，是难得的上乘酒菜，还可以炒着吃，加工成干菜，做馅、腌渍成罐头等。

都叶梅过去没有接触过蕨菜，因而对加工蕨菜的程序一无所知，只是听说加工好卖给日本人，可以赚个好价钱。

她把养羊挣到的钱，投入这笔生意当中。她起早贪黑，走村串户，把收回的蕨菜按照别人家的制作方法，依样画葫芦。制作蕨菜可不是自己想象得那么简单，学一学就会了，它同样需要经验和技术。她一无经验，二无技术，制作出的蕨菜自然不会合格，全部砸在手里。

贩卖蕨菜赔得一塌糊涂，都叶梅不认输，她又开始倒卖土豆。她说："最初贩了100袋土豆，是那种每袋装50斤的小编织袋装的，只用了几天时间就卖完了，每斤净赚一毛八分钱。一高兴，又冒险进了一车土豆，但没有想到，连十分之一都没有卖出去，最后赔了4000多元。"

接二连三的打击使都叶梅认识到，自己不是一块经商的料，可剪纸又变不成钱，她正是"上有老，下有小"的年龄，生活的方方面面都需要花销，怎么办？

春天到了，她就到山上采野菜，拿到集市上销售。等到六七月份，她就捡蘑菇。秋天，她坐火车去免渡河一个农场秋收，一天能挣80元。冬天，她当保洁员，帮别人打扫一个屋子能拿到200多元。繁重的体力劳动，并没有耽误都叶梅的创作，《文明乡村》正是她这个时期的作品。这幅剪纸表现了一家三代尊老爱幼、和谐幸福的美好生活。画面清新自然，以人物为主线来表达主题，老爷爷悠闲自在，抽着旱烟，一脸祥和，他眼前的桌面上摆放着各种水果。儿媳妇为他烹茶添水，尽显孝道。老婆婆端起一个果盘，在一旁照看孙女，其乐融融。儿子一手拿着锄头，另一手拿着一把米在喂鸡，他可能是刚从田野回来，身旁的一群小鸡姿态各异，非常可爱。

　　画面左侧的葡萄藤果实累累，不仅表明了季节是秋季，而且葡萄藤蔓丝丝缠绕，寓意幸福美满，绵延不绝。画面右上方的一扇窗子异常关键，像是打开了整个视觉空间。试想如果没有这扇窗子，画面一定显得比较沉闷。窗外的青枝红果和微微摆动的绿叶，仿佛给屋子里送进阵阵凉风。窗子一侧的花架上放着一盆开得正艳的鲜花，圆圆的花苞正好与窗外树上的红果相呼应。

　　花架和花盆做工精致美观，花架与画面中间的桌子自成一体，均用厚重的红色做底色，沉稳大方。桌子上镶着美丽的牡丹和莲花四屏，小猫和小狗围绕在桌前，闲适可爱。从一家人的穿着打扮及屋子里物品的讲究程度，足见这一家人正过着和谐美满的幸福生活。

8

2005年年底，都叶梅开始构思剪纸长卷《龙铸奥运》。

剪纸与绘画虽同为艺术，但剪纸与绘画在本质上有所不同，其艺术实践的缘起与经过、思考与方法，都很难被狭义的抽象主义或现代主义所定义。都叶梅一直遵循着传统，也力求变化。她在不变中求变，变中求新。

她一连几个月冥思苦想，怎样才能更好地表达自己，表达一个普通中国人对奥运的祝福？她想到了龙这个主题。龙在中国文化中有着多重象征意义，在不同的历史时期和文化背景下，龙的象征意义也会有所不同，但无论哪种象征意义，龙都是一种神秘、高贵、力量和智慧的符号。

她计划这幅剪纸作品的长度为166米，宽0.6米。这是一项浩大的工程，对她来说，是对自我的挑战。它的难度之大，不可想象。作品构思必须缜密，且不能出一丝一毫的差错，不然会前功尽弃。她首先设计整幅剪纸以腾飞的巨龙为背景，虚实结合，将206匹飞驰的骏马与206个福字嵌入其中，象征着206个参赛国和体育组织如龙马精神，精诚合作，金石为开；在北京奥运会吉祥物5个"福娃"的注视下，象征着"和平、友谊、团结和圣洁"的2008只和平鸽腾空而起，展翅飞翔。这幅作品既可组合，又可拆开，每个"福娃"都是一幅独立的作品。小样一出来，连都叶梅自己都感到震撼。

作为普通人的她与芸芸众生一样，有着自己别样的人生。

恰在此时，她的家庭出现了重大变故，即将高中毕业的女儿，突然要放弃学业，准备外出打工。都叶梅苦口婆心，好说歹说，也没有说服女儿，只得依了她，最后对女儿说："我同意你放弃学业，不过有个条件，你必须把这学期读完，过了春节我陪你一起到外地，你看怎么样？"女儿点了点头。

2008年正月初二，当人们还沉浸在新年的喜庆气氛中，都叶梅和女儿便踏上了开往大连的列车。

车窗外苍茫的大地上枯草丛生，千丝万缕，枯黄一片，星星点点残留的积雪增添着几分寒意，干枯的树枝尽管挺拔，却不免有些凄凉。

到了大连，女儿先后跑了几家大型企业，都因"学历问题"而被拒之门外，最后在一家小型制衣公司落了脚。都叶梅告诉女儿："这是一家私人企业，学徒工的任务是站在那里不停地往架子上挂制好的衣服，除了吃饭，根本没有休息时间。"

几天下来，女儿累得精疲力尽，饭都不想吃。这也使她清醒地认识到，只有好好学习，才能改变命运。

在大连这家制衣公司工作了不到10天，女儿主动提出辞职回家，继续未完成的学业。

从大连一回到家中，都叶梅女儿见到姥姥说的第一句话："我要好好读书，再也不出去打工了。"

三月一日，女儿开学后，都叶梅把女儿送到学校安顿好，又将全部精力放在创作《龙铸奥运》上，仅收尾工作，耗费了她两个月时间。

五月一日，都叶梅把散发着纸香的《龙铸奥运》打了包，背着它到了北京，准备捐给奥组委。扎兰屯乍暖还寒，可北京已杨柳飘絮，春风习习，她仍然穿着厚厚的衣服，下了火车大汗淋漓。这是她第一次到北京，刚下车就晕头转向，慌忙拦住一辆出租车，边用袖子擦汗边说："师傅，我是第一次来北京，连方向也辨别不清了，帮我在附近找一家旅馆吧。"出租车司机是个年轻人，很热情，嘴也很甜："阿姨，没问题。"她上了车，出租车拉着她在城里转来转去，差不多半个小时，最后在一家小旅馆门前停了下来。

到了北京，她想到的第一件事就是到天安门广场看升国旗。她问旅馆老板："早上什么时候升国旗？"老板说："你想看升国旗，凌晨3点就得起床。"

怕耽误了看升国旗的时间，她一夜未合眼，不到3点钟，她就起床了，背着沉甸甸的《龙铸奥运》到了天安门广场。凌晨时分，城市还未"醒"来，广场上已经人山人海。雄伟的天安门城楼巍然屹立，

徐继江 摄

徐继江 摄

静候神圣时刻的到来。

6点整，伴随着雄壮的国歌和东方第一缕朝霞，鲜艳的五星红旗迎风飘展，在五月的微风中缓缓升起。

看完升国旗，都叶梅离开天安门广场，准备去奥组委，可不知在什么地方，便四处打听。她跑了整整一天，疲惫不堪，也没有打听到奥组委的确切地址。第二天一早，她又开始寻找奥组委，一个年轻人指着一辆公交车说："你坐这辆车就能到奥组委。"她千谢万谢，上了这辆公交车。

车行驶了很长时间，也没有到达目的地，她感觉有点不对劲，问邻座一个老大娘："大娘，坐这辆车能到奥组委吗？"

老大娘说："孩子，你坐反了，这趟车不去奥组委。"

同车一个操东北口音的老大爷说："到下一站，你和我一起下车，我送你到对面的站牌，坐那边的车才能到达你要去的地方。"

经过交谈得知，这位老大爷也是呼伦贝尔人，退休后移居北京。老乡相见，分外亲热，老人将她送至站牌下，留下了自己的手机号码："孩子，有什么困难给我打电话，也许我能帮助你。"

都叶梅赶到奥组委已经是下班时分，保安对她说："现在领导们都在外地开会，过一周才能回来。"

"要等一周？"都叶梅顿时傻了眼，可又没有别的办法，只好返回旅馆。

在等待奥组委领导们的过程中，都叶梅每天逛街打发时间。有一天，她意外发现一个挂着民政司牌子的单位，出于好奇走了进去。值班人员立马拦住了她："你找谁？"

都叶梅支支吾吾地说："我找奥组委，准备捐一幅剪纸。"她边说边将包袱解开，取出剪纸。

那名值班人员看了她的剪纸说："这么好的东西，凭啥捐给他们奥组委，应该捐给体育博物馆。"

他让都叶梅去体育博物馆找一个名叫刘超英的人，并把刘超英的电话给了她。

就这样，她和刘超英取得了联系，来到了体育博物馆。刘超英看了她的剪纸大加赞赏："好东西，好东西，如果捐给奥组委就可惜了。"

都叶梅问道："为什么？"

"奥组委是一个国际组织，如果捐给他们，作品就归他们所有了。"

听了刘超英的话，她才明白那名值班人员为什么不让她把作品捐给奥组委。

刘超英又将都叶梅介绍给中国妇女儿童博物馆的李虹。

李虹看了她的作品问道："为什么没有装裱？"

她说："整幅剪纸共206张，我个人没有装裱设备，如果拿出去装裱，费用就得一万多元，另外装裱后携带也不方便。"

李虹没有言语，让她回去等消息。这一等就是一个月。等了这么久，她以为捐赠没有希望了，便买了返程车票，准备回扎兰屯。正在这时，她接到了一个电话："是内蒙古扎兰屯的都叶梅老师吗？"

"我是都叶梅，您是？"

"是这样，我是中国妇女儿童博物馆李虹，你现在带上你的作品来我们这里一趟。"

都叶梅上了一辆出租车，匆匆赶到中国妇女儿童博物馆。

她进屋后，见到了李虹，李虹说："我们决定接收你的剪纸，你去办理捐赠手续吧。"她跟着李虹，楼上楼下跑了半天办完了捐赠

徐继江 摄

| 剪出来的幸福

徐继江 摄

手续，回到了旅馆。刚要休息便接到刘超英打来的电话，她将捐赠的情况一五一十向刘超英作了汇报。

刘超英问她："拍照留资料了吗？"

她说："没有。"

"那为啥不留资料呢？"刘超英一听有点着急。

"我没有照相机。"她说。

刘超英说："那你快去买一台照相机，把剪纸拍下来，怎么能不留资料呢？"

当时是晚上八点多，街上的店铺都已打烊。刘超英告诉她："公主坟那边的店铺一般关门很晚，或许现在还在营业，你到那里看看。"

都叶梅放下电话，拦住一辆出租车，马不停蹄赶往那里。

公主坟那里果然灯火通明，她在一家摄影器材专营店买了一台数码照相机。第二天一早，她赶到中国妇女儿童博物馆，将整幅剪纸拍了下来。

这幅剪纸作品后来被国家体育总局选为展品，还被中国妇女儿童博物馆永久收藏。时至今日，这家博物馆还与她保持着联系。

9

都叶梅从北京回到扎兰屯,住了几天便打算到天津去看望读书的女儿。在天津期间,她进了一家制作剪纸的工厂开始打工。

这是一家全自动机械化批量生产剪纸的企业,她的工作很轻松,每月只需提供15至20个纸样,就可以领到900元工资。

一天上午,她和工厂附近一个开小商店的人聊天,这个人说:"你有这么好的手艺,还在这里打工,这不是捧着金饭碗讨饭吃吗?"

一句话,点醒了她。"是啊,这些年摸爬滚打,吃了不少苦,也受了不少委屈,难道就是为了出来打工?"她想到这里,便辞职连夜回到卧牛河镇,注册了"都叶梅民间剪纸艺术工作室"。镇领导闻知此事后,找到她说:"都老师,你什么顾虑也不要有,好好把剪纸这个'非遗'项目传承下去,有什么需要政府做的,我们会不遗余力支持你。"

镇政府将仅有的一间会议室腾出来,让她当工作室使用。

都叶梅走进宽敞、明亮的工作室,想起镇党委书记张为军的话"要培养更多的剪纸人才"。她当时就决定,利用这个工作室,办一个培训班,把自己掌握的这门技艺无偿传授给镇里的孩子们。

她未曾料到，自己的想法有点简单，她的剪纸虽然吸引了很多孩子，但有些家长认为，孩子学剪纸毫无用处，大都消极对待这件事，把孩子放学后的时间安排得满满当当，使她们无法脱身。

　　都叶梅的培训班距离卧牛河学校很近，徒步也就二三分钟的路程。一天还未到放学的时间，一个酷爱剪纸的男孩子跑到培训班，让都叶梅教他剪纸。

　　"还没有到下课的时间，你怎么就跑出来了，是不是逃课了？"都叶梅问道。

　　"没有逃课，最后一节是体育课，所以我就跑出来了。"男孩子说。

　　"那体育课也不能逃啊，周末有的是学剪纸的时间。"都叶梅温和地说。

　　"老师，你不知道，一到周末，爸爸妈妈就给我安排很多农活，完不成任务不让出来学习剪纸。"男孩子一脸委屈。

　　都叶梅这才找到了很多孩子不能按时来学习的原因，她便与那些有"家务任务"的孩子们一起干活，帮助她们完成父母布置的任务，让她们有充足的业余时间学习剪纸。

　　一个周末，培训班另一个男孩子一早跑到都叶梅家，对都叶梅说："老师，我父亲让我到街上卖白菜，只有卖完了白菜才让我来学习剪纸。"都叶梅上街一看，一辆四轮车上果然装满了白菜，她便和那个孩子吆喝起来，见了熟人哀求道："求求你，买几棵白菜吧。"学习时间到了，还剩半车白菜没有卖出去，都叶梅就将剩下的白菜拉回自己家。

　　有时候，都叶梅一想起这些事就有些伤心，她说："每一个学生几乎是我到学生家里，央求着家长让她们来学习的，自己不但不收一分钱学费，每学期还得为每个学生贴补100多元的纸钱，我不图名不图利，图啥呢？"伤心归伤心，每年到了开班之际，她仍然到来培训班报名的孩子家，说服其父母，让他们支持孩子来班里学习。

有些学习成绩优秀的学生，想参加自治区或全国举办的一些展览，父母不给参展费，都叶梅便自己掏腰包，鼓励她们参展。

一些孩子因为在一些剪纸比赛或参展中获过奖，高考时加了分，进了重点大学。都叶梅的培训班也因此出了名，学生家长也渐渐转变了观念，开始主动往培训班送自己的孩子。培训班的学生由最初的10多人，增加到了50多人。

有些孩子白天不能来学，都叶梅便在自己家里办起了"夜班"。家里没有那么多桌椅板凳，只能席地而坐，她就为每个学生购买了地热垫。

都叶梅除了教授孩子们剪纸，每周还专门利用一节课时间，给孩子们讲红色经典故事。

一天，一个孩子问道："潘冬子是谁啊？"于是，都叶梅利用这个孩子的提问，告诉全班的孩子，故事发生在1934年的江西柳溪村，有个叫潘冬子的小男孩，他的爸爸是红军赤卫队队长，村子里的恶霸胡汉三长期欺压乡亲们，在潘冬子12岁那年，红军来了，惩治了地主胡汉三。可是不久，因反"围剿"斗争失败，红军不得不撤离根

徐继江 摄

据地，临别前冬子的父亲给他留下了一颗闪闪的红星，并鼓励他要坚强勇敢，坚持斗争。但红军一走，可恶的胡汉三又回来了。冬子的母亲作为游击队的交通员，走东村奔西庄地传达党的精神。在一次行动中，冬子的妈妈为了掩护群众撤离，光荣牺牲了。在闪闪的红星的激励下，冬子勇敢地承担起了妈妈的工作，帮助党组织运送物资、收集情报，最终配合红军游击队消灭了恶霸胡汉三，成为了一名坚强的小红军。那枚闪闪的红星，正是革命精神的象征。也是红军革命信念的象征，正是在这种精神的引领下，无数像冬子爸爸妈妈那样的革命先烈，为了革命胜利，抛头颅洒热血，才换来我们今天的

徐继江 摄

幸福生活。所以我们要加倍珍惜，在今后遇到困难和挫折时，要向潘冬子学习，做一个坚强勇敢、富有正义感的新时代好少年，用实际行动来践行"请党放心，强国有我"的铮铮誓言。

有一个叫姜嘉欣的学生，从包头医学院毕业后，分配到北京一家医院从事康复治疗。她便将自己童年学到的剪纸技艺用到了康复治疗上，教患者剪纸，锻炼手眼协调能力，效果非常好。这个学生每年春节回卧牛河探亲，都要带一批纸样回去。

都叶梅这次进京捐赠《龙铸奥运》才发现，没有装裱的剪纸作品在市场上只是半成品，卖不上好价钱，手工装裱耗时费力，稍不注意，还可能损毁作品。她听人讲，河北石家庄有一家销售装裱机器的企业，并负责培训装裱人员。她想购买一套这样的设备，可手头拮据，一下拿不出那么多钱。

市妇联主任高淑娟听到这个消息后，主动找到她说："听说你购买装裱机器遇到了困难？""是的……"都叶梅说："这套设备20000多元，我还缺一半资金。""好，剩下的资金我们帮你解决。"就这样，市妇联联系银行，给她贷了10000元无息贷款。

有了自己的剪纸艺术工作室，从石家庄购买回了装裱设备，都叶梅信心满满，准备大展宏图。不料，又遇到了新的问题，装裱材料本身比设备还要贵。这时正好到了年底，市妇联下基层走访调研，都叶梅向市妇联的领导汇报了自己所遇到的困难。第二年，市妇联再次联系银行，给她贷了40000元的无息贷款。

几年下来，市妇联通过银行，共帮她贷了14万元的无息贷款。

都叶梅说："在我最困难的时候，市妇联向我伸出了援助之手，我特别感谢高主任的知遇之恩。"

2008年北京奥运会结束后，她再次进京，这次是专程销售装

中国·迎上海世博会公益书画展活动
共和国杰出剪纸艺术名家

都叶梅同志的剪纸参选艺术作品，经"中华人民共和国国日史编辑委员会"、"中华人民共和国国日史编辑委员会诗书画院"、"迎世博艺委会"及"共和国杰出剪纸艺术家最高荣誉成就奖"评选委员会等六家单位评审认定，其作品在此次中国·迎上海世博会公益书画展活动中被评为金奖，并授予："共和国杰出剪纸艺术家最高荣誉成就奖"荣誉称号。

裱好的剪纸作品的。她从未经过商，不知道做生意的门道，找了一个人多的地方摆起了地摊。她学着电视剧里那些"江湖商人"，挥舞着剪刀，大声吆喝，并现场表演，边剪边卖。人们看到她用娴熟的技法剪出漂亮的作品，便纷纷购买。

一个好心人过来说："这里不允许摆摊，城管过来会没收你的东西。"

"那怎么办呢？"她问道。

那个人告诉她："必须租一个店铺，办了工商营业执照才可以销售。"

"我是外地人，对北京一点也不了解，人生地不熟的，去哪里租呢？"都叶梅边说边收拾东西，准备离开。

那个好心人说："王府井那边正好有一间小商铺要出售，我可以带你到那里看看。"

都叶梅和那个好心人到了王府井一个繁华的商业区，一间顶多五六平方米大小的小商铺，一年租金10万元。都叶梅一听，吓出一身冷汗："哎哟，我活这么大也没见过这么多钱……"她连连摆手："我这点东西一共也值不了几个钱，怎么敢租这么贵的商铺。"

　　不让摆地摊，商铺又租不起，都叶梅只好寻找代理商。她莽打莽撞，并未费多少周折，便找到一家愿意经销她作品的公司，还将她身上携带的所有作品留下，痛痛快快结了账。她回去之后，把主要精力投入到为这家公司供货上，当时每出一批货，都能收到对方的货款。可到了2009年，这家公司开始拖欠她的货款，一欠就是一年，到了年底，累计欠款近5万元，她几次专程去北京催要无果。后来虽然要回一些，但除去差旅费，所剩无几。

　　作为一个艺术家，出售自己的作品，仅仅是一种无奈的谋生手段，而她的精神世界五彩缤纷，绚烂艳丽。

　　这一年，恰逢中华人民共和国成立60周年，为此，她和返乡创业的女儿丛艺林花费了近一年时间，用了三刀红纸，创作出长23米，宽0.6米的剪纸长卷《中华民族大团圆》，这是继《龙铸奥运》之后，又一部力作。作品以迎风招展的国旗为宏大的背景，112个身着不同民族服装的人载歌载舞，60条巨龙蜿蜒盘旋，象征着"民族团结，和谐盛世，巨龙腾飞"。2010年5月，这幅作品在上海举办的"世博会"上被评为金奖，都叶梅本人被授予"共和国杰出剪纸艺术家最高荣誉成就奖"荣誉称号。作品捐赠希望工程后，拍卖了20万元。在"世博会"召开期间，她与黑龙江另一位剪纸艺术家，应邀为来自世界各地的参会人员现场表演中国剪纸艺术。

龙是都叶梅作品中不断出现的主题。《龙铸奥运》和《中华民族大团圆》都是龙配以马、和平鸽或人物，它们以令人无法忽视的方式紧紧交叠在一起，裁剪角度在不可预测的动态与秩序井然的克制间反复重现，已不再是传统意义上的剪纸，奔放而热烈的画面与凝练的线条轮廓，使得她的剪纸转向一种更趋立体的表达。

　　她创作的这两幅作品间隔时间很短，可以说是同期作品，放弃了一系列来自摄影或绘画的视觉经验，比如对照片或绘画素材的依赖，一种成像法下的裁剪方式，一种对视觉再现的追求，以及对绘画物性的刻意显露等这些粘连的特征都被逐渐或突然消除，而让人感触到的是一种形式、图像与意义之间的有机结构。也就是说，她的剪纸如同从线性的短文变成了立体的诗歌。

　　都叶梅这时期的创作，呈现出多样性的状态。其作品内涵丰富，对她而言，剪纸艺术的目的，始终是如何专注于作为某种体验或感受的图像，为此应该去进行意念的生成和领悟的喻示，由接受性视觉走向积极性视觉表现。

张莉 摄

10

第30届夏季奥林匹克运动会在英国首都伦敦举办前夕，都叶梅耗时一个多月，剪出了长1.3米，宽0.66米的《盛世花开迎奥运》。这是一幅里程碑式的作品，19朵盛开的牡丹花除了象征奥林匹克精神外，还有更多的寓意。

牡丹是中国传统文化的重要元素之一，被视为吉祥之花。它不仅是自然界中的一抹亮色，更是承载着丰富文化寓意的象征物。

她的这幅作品构思奇特，均衡严谨，剪制手法细腻匀称，构图阴阳虚实配合，疏密节奏，内涵寓意等剪纸语汇相互融合，丝丝入扣耐人寻味，形成极具震撼效果的视觉冲击力，从不同角度欣赏均能得到不同层次的解读。

都叶梅很多作品都是围绕牡丹展开的，她爱牡丹、画牡丹、剪牡丹，甚至还种过牡丹，可由于当地气候因素，未能试种成功。

2008年牡丹花开的季节，都叶梅为了更好地表现牡丹这一具有传奇色彩的花卉，专程赴洛阳看牡丹，这是她第一次见到"唯有牡丹真国色，花开时节动京城"的花中之王。

她至今不会忘记，徜徉在芬芳四溢的牡丹花海中，仿佛置身于

一个巨大的宝石库。牡丹花的花瓣丰满而厚实，每一片都像是精心雕刻的艺术品。她在欣赏这些花朵的时候，不忘细心观察它们独特的"心态"。她把看到的，一朵一朵画下来。回到扎兰屯后，陆续剪出了《万紫千红》《盛世花开》《富贵吉祥》《世代万福》等与牡丹相关的作品。可以这样说，《盛世花开迎奥运》的诞生，是她多年精心孕育的结果。2012年在英国伦敦举办的"奥运之旅中国当代书画展"中，《盛世花开迎奥运》获得了金奖，同时被伦敦邮票公司制作成邮票在英国发行，都叶梅个人还被授予"影响世界的中国当代剪纸艺术家"称号。

《世代万福》同时入选"第二届迎春书画作品展"，在中央电视台书画频道播出。

2012年，都叶梅可谓好事连连，她又先后获得了全国五一劳动奖章和内蒙古自治区五一劳动奖章。

五一劳动奖章是全国总工会为奖励在社会主义各项事业中做出突出贡献的职工而颁发的荣誉奖章。全国五一劳动奖章是中国工人阶级最高的奖项之一。都叶梅获此殊荣，自然成了轰动卧牛河镇的一件大事，镇政府专门为她召开了庆功大会。这是温暖宜人的一天，天上有大片积云，阳光穿过云隙，在空中形成一道明亮的光束，照耀在雅鲁河上，闪烁在丛林中和柞树叶子上，一会儿照亮这面山坡，一会儿又照亮那面山坡。镇政府会议室挤满了人，而都叶梅更多的是充满了对党和政府的感激，她饱含深情地说，她出生在一个群山环抱，溪流遍地，云遮雾绕的美丽的村庄。每每春天来临，杜鹃花开满房前屋后的山上，云蒸霞蔚，仿佛置身于仙境，她感觉自己就是万千杜鹃花中的一朵，正是带着这种感觉，开始了她精彩的人生。那一年，她只有五岁，偷偷模仿太祖奶奶、奶奶和母亲剪纸。当时她不知道内蒙古"都氏剪纸"是"非遗"，更不知道自己是"非遗"的传承人，只是发现，小小的纸上有着另一个不为人知的世界，并由此迷上了这门技艺，一直坚持到今天……

听完她的演讲，台下响起了热烈的掌声。

记者采访她时，她告诉记者："这些年，如果没有党和政府对我的扶持，我将一事无成。"

事实上，扎兰屯市不仅自然风光优美，民族风情特色鲜明，而且民间书画、石艺、剪纸、木刻、根雕艺术享誉区内外，尤其在对都叶梅的宣传和扶持上，各级政府功不可没。

扎兰屯市委宣传部一份材料介绍："扎兰屯市共有6户文化户

中国民间文化艺术之乡

中华人民共和国文化部
二〇〇八年

全区民间艺术之乡

被评为内蒙古自治区农村牧区文化示范户，卧牛河镇被评为全区民间文化艺术之乡。全市举办文化大集50余场次，吸引了本市及周边22家文创企业参展销售工笔画、羽毛画、根石艺等文创产品，总销售额达110万元。为扎兰屯市自治区级'非遗'传承人都叶梅制定乡村文化和旅游带头人支持项目——'传承中华文化 弘扬剪纸艺术'，成功向国家文化和旅游部申报并获批，成为呼伦贝尔市唯一入选的文化支持项目。"

卧牛河镇宣传委员邵玉说："我们2017年开始聘用都叶梅老师为文化传习室剪纸教师，并每月发放工资。镇党委积极建设文化传习室，在镇政府二楼设有办公室、展示厅及培训室。培训室占地90平方米，装修累计花费5万元，配备了打印机、装裱机等设备，共投入10万元，同时为都叶梅老师和学员免费提供剪刀、彩纸、装裱框等材料……"

她的剪纸作品被扎兰屯市列为旅游商品。

都叶梅本人还被推荐为扎兰屯市第五届、第六届、第七届、第

韩冷 摄

韩冷 摄

八届政协委员。

2012年，她不仅扩大了卧牛河镇培训班的招生范围，而且在扎兰屯市文化馆开办了剪纸传习班，每周六利用一天的时间，向学员传习剪纸。

2015年11月，中共中央政治局审议通过《关于打赢脱贫攻坚战的决定》，都叶梅也主动投入到脱贫攻坚战中。2018年，她在原培训班的基础上，开办了扶贫剪纸培训班，陆续培训贫困户学员36人，为她们传授一技之长。这

韩冷 摄

韩冷 摄

大吉

一年，学员们销售窗花3000幅，收入90000多元。此后每年都有不菲的收入，最多一年达到20多万元。

刚开始，一些贫困户认为，"学习剪纸的人必须有天赋，普通人再学也白搭"。前来报名的人寥寥无几。

都叶梅走村串户，挨家挨户去做工作，对她们说："剪纸是一门技艺，没什么难的，只要肯下功夫，人人都能成为行家里手。"

一些上了年纪的人，反应比较慢，都叶梅便一遍遍、不厌其烦地给她们讲，手把手教她们剪纸。

第一批学员很快出了徒，剪出来的作品也打入市场，有了一定收入。人们看都叶梅是真心实意带领她们致富，便纷纷报名参加培训。

卧牛河镇大坝三队的贫困户刘翠花（刘女士）患有重度抑郁症，刚进培训班培训时，独来独往，不与任何人交流，每天上课心不在焉。别的学员经过一段时间的努力学习，都掌握了剪窗花的技巧，她却懵懵懂懂，和初来时一样，一张窗花都不会剪。都叶梅发现这一情况后，及时与其沟通和交流。刚开始她什么也不说，后来告诉都叶梅，她自幼比较内向，在以后的生活中遭遇了很多打击，便患上了抑郁症，近几年越来越严重，曾有过轻生的念头。都叶梅便经常找其谈心，给她讲自己的经历，还动员其他学员主动接近她，与她交朋友，她渐渐变得开朗活泼，学剪纸的劲头更足了，每年卖窗花就能收入4000多元。经过在扶贫剪纸培训班几年的学习，她的抑郁症奇迹般痊愈了。

低保户王巧玲（王女士）患有乳腺癌，爱人患有脑血栓后遗症，家里两个老人也都有病，需要照顾，她虽然报名参加了培训班，但

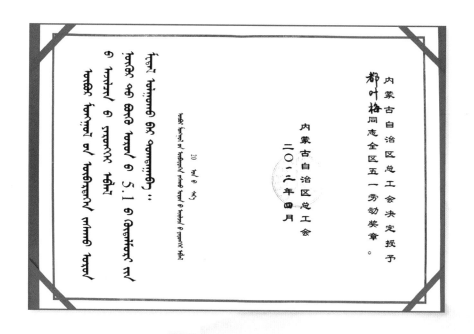

腾不出时间参加培训，都叶梅了解到这个情况后，去她家单独给她开"小灶"。她心灵手巧，没用多长时间就学会了剪纸，每年忙里偷闲，靠卖窗花就能挣2000多元，缓解了家里的经济压力。

靠山村有一个上中学的女孩，每年寒暑假期间都主动来扶贫剪纸培训班学习。都叶梅说："这个孩子好学，聪明、灵动，每年利用两个假期剪纸，都能收入4000多元。"

扶贫剪纸培训班的学员经过培训，不再是家里的"闲人"，人均创收达到了2000元。这对一个贫困家庭来说，无疑是一笔可观的收入。

都叶梅白天办学，晚上又投入忘我的创作之中，每天只休息三四个小时。2018年，她创作的"一带一路"剪纸被中国邮票出口公司制作成邮票，在美国、英国和荷兰发行。

作品以地球经纬线为主体，以中国为中心，以"丝绸之路"的骆驼为起源，通过陆、海、天、网"四位一体"的互联互通网络，充分体现了中国人民对好邻居、好伙伴的友好情谊和和平发展、合作共赢的思想理念。

2020年11月23日，随着贵州宣布最后9个深度贫困县退出贫困县序列，全国脱贫攻坚目标任务已经完成。都叶梅将扶贫剪纸培训班改为乡村振兴剪纸培训班。

过去，每到农闲时节，村子里的妇女们干完家务活后，不是聚在一起玩麻将，就是喝酒、跳舞，有的人喝完酒还出洋相。都叶梅办乡村振兴剪纸培训班的初衷，就是要改变这些人的生活方式，将她们组织起来，使剪纸成为卧牛河的一项产业，助力乡村振兴。

她说："剪纸文化在魅力乡村和乡村振兴中一定能发挥重要的作用，它传承乡村文化，增强村民的文化认同感和自豪感，同时能为乡村注入艺术氛围，提升乡村的景观魅力和文化品位。此外，剪纸还具有经济价值，可以促进乡村经济的发展。剪纸作品可以成为乡村特色产品和文化创意手工艺品，能为乡村创造经济收入和就业机会。我们卧牛河镇12个村的剪纸爱好者，可以通过学习和掌握剪纸技艺，将其应用于手工制作和创业创新中，通过发展剪纸产业，吸引游客和文化爱好者，推动乡村旅游和文化创意产业的发展，进而带动乡村经济的繁荣。"

此时都叶梅办的培训班已小有名气，报名者络绎不绝，她一概不拒。卧牛河镇镇政府也给予她大力支持，免费为学员们提供学习用的剪刀和纸张。

班里有一个学员家庭不和，丈夫不分时间、不分地点，只要喝完酒就打电话骂她。有几次，这个学员在课堂上就与丈夫吵了起来，培训结束后也不愿回家。都叶梅便给她做工作，她一脸委屈，向都叶梅诉苦说："我丈夫喜欢喝酒，一旦喝了酒对我非打即骂，结婚快

20年了，我就是这么过来的。"都叶梅几次到这个学员家，去和其丈夫谈心，最后使这个学员的丈夫认识到自己的错误，加之这个学员通过剪纸，每年都能往家里拿几千元，家庭渐渐变得和睦美满。

都叶梅除了向学员教授剪纸技艺，还动员学员将房前屋后的空闲土地利用起来，进行瓜果蔬菜等经济类农作物的种植。同时组织他们到每一个学员家去栽种，从而使杂草丛生、一片荒凉的院落，转变成"遍地农作物、绿意盎然"的生态空间，乡村变得更加美丽，富有生机，庭院的空间也得到了更好的利用，农户的经济收益大幅提高。

她每年春秋都要带领学员到果园、田野、村子里采风，边看边剪，金色的农田、翻滚的麦浪、笑开花的豆荚、雍容富态的南瓜等呈现出一派丰收景象。

乡村振兴剪纸培训班其实是扶贫剪纸培训班的延续，学员们将自己看到的、听到的、想到的、见到的农村新变化和村风村貌、乡风民俗等内容剪贴进了自己的作品中，让小小剪纸打上文明烙印，以群众喜闻乐见的剪纸艺术，引领群众在感受文化魅力中增强文化自信，在传承优秀文化中弘扬文明风尚，不断凝聚群众、服务群众，助力乡村振兴。

学员们经过一段时间的磨砺，像她们的老师都叶梅一样，可以不用描样，不管是天上飞的、地下跑的，还是水里游的，在她们的手中都能剪成寓意丰富、妙趣横生、令人陶醉的艺术形象。

《乡村振兴》以农村新生活几个经典画面，反映出卧牛河镇在乡村振兴中取得的丰硕成果，让幸福飞向千千万万的老百姓家里。

《乡村振兴　幸福小院》结合乡村振兴战略，用剪纸的形式呈现幸福农家生活。以小家见大家，在中国共产党的领导下实现人民美好生活。

门前一棵硕果累累的柿子树，猴子、兔子帮着采摘柿子，寓意着一家人事事平安，事事如意。院内是其乐融融的一家人，妈妈准备好了丰盛的午餐等着爸爸回家吃饭，小女孩在给爷爷奶奶表演舞蹈。院子里的小动物们也在悠闲地吃着食物。苹果树寓意平安、健康。

《乡村之美》采用"美"字为主要创作元素，传达出乡村振兴为乡村带来美好愿景和富美生活。

《美丽乡村》中心是青山、绿水、村落，表现美丽乡村新貌；红色外围部分有梧桐树和凤凰，以及肥沃的土地和六畜兴旺，寓意美丽乡村吸引更多的人才，新农村建设将更加美丽富饶、欣欣向荣。

剪纸造型的窗户、剪纸点缀的路灯、剪纸装饰的民居墙面，走

徐继江 摄

进卧牛河镇，剪纸元素随处可见。

过去一些玩牌、喝酒、跳舞和无所事事的农家妇女，如今拿起了"铰花剪"，从只会剪简单的"寿""福"等字，到懂得品文化，在剪纸的世界里体会创造的喜悦、艺术的魅力，获得精神滋养，有了坚定的动力。

让"非遗""活下来""火起来"，离不开年轻血液的注入。为了在孩子们心中埋下"非遗"传承的种子，都叶梅积极推进"非遗"以本土文化教育的形式融入中小学教育体系。2019年，她的剪纸列入扎兰屯市几所学校美术教学课程，同年在扎兰屯市职业学院也开了剪纸班，教授的学生由过去一年的几十人上升到几百人，仅2021年就培训学员300人。

都叶梅在课堂上，用通俗易懂又生动活泼的语言，向学生们介绍剪纸的由来、特点、制作步骤等内容，带领大家亲手制作剪纸，让每位同学都能近距离感受传统文化的制作乐趣和独特魅力。

孩子们在体验"非遗"魅力的同时，汲取了中国传统的劳动智慧、艺术美学，坚定文化自信，在潜移默化中让传统美德深植内心。

百年恰是风华正茂，100年的风雨兼程，从半殖民地半封建社会到民族独立、从1840年鸦片战争到1921年中国共产党诞生，中国共产党以正确的决策和部署，团结带领各族人民艰苦奋斗，跨过一道又一道沟坎，书写出了一个又一个的光辉成就。

为庆祝建党100周年，都叶梅带领学生共同筹划，设计制作出百幅剪纸作品，重现了党的百年光辉历程，回望中国共产党筚路蓝缕之路。

从2020年起，她们从开始构思，到出底稿，又精益求精反复研究修改，前前后后用了近一年时间，选取中国共产党1921年至2021

年发生的一百件大事，以剪纸的形式呈现。让人们能够在欣赏非物质文化遗产的同时，受到精神洗礼。

都叶梅说："在制作过程中，更多的是想让同学们了解到中国共产党波澜壮阔的百年历程，感受到在中国共产党领导下，中国由羸弱到强盛，从推动全面深化改革实现新突破，到决胜全面建成小康社会的艰辛，让新时代的孩子们主动去了解党的光辉历史，凝聚起奋发向上的强大力量，在传承中国非物质文化遗产的同时与祖国共同成长。"

与此同时，都叶梅又选了106名小学生组成"蝴蝶组"，剪出了《民族大团结》。这幅作品除了56个民族和56个石榴之外，学生们剪了2000多个蝴蝶。她说："蝴蝶是每个学生剪的，那天我们乐疯了，学生们按照自己的想象，剪出各式各样的蝴蝶，有的蝴蝶像人，有的像动物，啥样的都有。"

她办的培训班一直延续至今，带出了都叶华、丛艺林、都子旭、姜嘉昕、田金洁、林彩霞、祁雪雁、王晓宇、孙洪原、高玉环、丛月珍、周淑英、邳和利、黄瑞清、胡春霞、王学宇、于晓华、李思佳、李梦菊等有影响的民间剪纸艺术传承人。

2019年，卧牛河镇剪纸班的学员在第二届山水神头全国书画剪纸作品展中有12名学员获奖，扎兰屯职业学院剪纸班在此次作品展中获集体荣誉奖，纸浆街小学、扎兰屯市第二幼儿园、繁荣小学剪纸班获集体荣誉奖。

同年，扎兰屯职业学院剪纸班在第十五届"华夏杯"全国青少年书画艺术大赛中荣获师范组金奖，并被评为六段；纸浆街小学、扎兰屯市第二幼儿园、繁荣小学在此次大赛中获师范组金奖，并被评为六段。

为了使剪纸更贴近教学，都叶梅巧妙地将自己的剪纸作品制作成一些精美的衍生品，有剪纸扇子、书签、贺卡、衣服、丝巾和钥匙链等。她在继承传统老艺人的工匠精神与传统技艺的基础上，对剪纸技艺进行创新，让剪纸更适合年轻人的审美，更好地与市场衔接。这一举措给传统剪纸插上了创意的翅膀，在传承中创新，让剪纸艺术变成一件件精美的文创产品。

她在接受呼伦贝尔电视台采访时说："这些年，我们利用剪纸做了一些文创产品，像衣服上，还有书签、钟表上面都是我们用剪纸的形式创作的，后来我们还创作了一些像挂件之类的东西，这些文创产品也增加了一些收入。这些剪纸，既保留了传统剪纸的形式，也加入了现代剪纸的元素，以迎合现代人的文化需求及现代社会对文化的需求，以铸牢中华民族共同体意识。"

为迎接第十四届全国冬季运动会于2020年12月在呼伦贝尔市和扎兰屯市举办（后因疫情推迟），都叶梅带领扎兰屯职业学院百名剪纸学员共同创作出剪纸长卷《迎接"十四冬"》，同时，还带领卧牛河明德小学60名剪纸学员共同创作了同题剪纸长卷，后将这两幅剪纸长卷全部捐赠给国家体育总局。

都叶梅在培养本地剪纸传人的同时，还应邀到兴安盟举办剪纸培训班，为兴安盟各旗县42名美术教师传授剪纸技艺。新冠疫情暴发期间，都叶梅组织学员共同创作出700多幅"抗疫"内容的剪纸作品，赠送给满洲里市被隔离人员，并为驰援满洲里疫区的"逆行英雄"——医护人员，创作出1000幅剪纸慰问包。

在都叶梅眼里，艺术的根脉在生活里，躯干在持之以恒的磨炼剪出来的幸福中，而枝叶就在身边每一个孩子天马行空的想象里。

11

都叶梅无论外出讲学，还是在自己开设的培训班培训学生，都将红色文化融入剪纸课堂。她说："这样做，不仅有助于传承和弘扬优秀传统文化，还能激发学员们的爱国情怀和民族自豪感。"

红色文化是中国共产党在领导人民进行革命、建设和改革的伟大事业中孕育而生的。它包含了丰富的思想观念、道德品质和精神风貌，是中华民族精神文明的重要组成部分。通过将红色文化与剪纸艺术相结合，可以让更多人了解和认识到红色文化的历史背景和价值内涵，从而增强民族凝聚力和向心力。

扎兰屯市属于革命老区，有着光荣的革命传统和丰富的红色文化资源。在战火硝烟的战场，中华儿女挥洒着热血，坚守着中华民族的尊严，一心报效祖国，在扎兰屯就有一位这样的英雄——苏炳文。

1932年初就任东北抗日民众救国军总司令的苏炳文，派两个团兵力投入了江桥抗日战争并把抗日前线指挥部设在扎兰屯。

当时从江桥抗日前线撤下来的抗日名将马占山，率领部队经甘南县到达扎兰屯抗日指挥部，与呼伦贝尔抗日将领苏炳文、谢珂汇合，研究部署阻击日本侵略军攻打扎兰屯等事宜。10月26日上午，日本侵略军在飞机、大炮、装甲车掩护下向扎兰屯发起猛烈攻击，到10月29日晚上，经三昼夜的血战，东北抗日民众救国军在苏炳文的带领下，消灭了300多名日军以后，撤出了战斗，沿铁路向北且战且退，一直撤到苏联。

扎兰屯抗日保卫战虽然失败了，但苏炳文、马占山的爱国抗日英雄形象却在扎兰屯流传至今，成为历史佳话。

都叶梅把苏炳文抗日的英雄事迹编成故事，讲给同学们听，并对同学们说："历史不应该被遗忘，英雄不应该被遗忘，烈士的鲜血不能白流，这是刻在各族人民心中的时代印记。作为新时代的非遗传人，我们更应当铭记历史，铭记中国人民所遭受的惨痛灾难，牢记先辈以鲜血和生命换取的和平岁月。"

为了讲好革命故事，她还走进抗联英雄园，感悟革命历史，追寻红色记忆。

阿荣旗是东北抗日联军三进呼伦贝尔的主战场，冯治纲、高禹民等东北抗日联军高级将领都牺牲在阿荣旗。

抗日战争期间，东北抗日联军奉中共北满省委关于在呼伦贝尔地区建立抗日联军总后方根据地的批示，三进呼伦贝尔，阿荣旗是主要根据地。1939年12月，东北抗联龙北指挥部指挥、六军参谋长冯治纲和政治部主任王钧率六军直属教导队及六军十二团骑兵从龙北出发，越过嫩江进入阿荣旗，与日伪军多次激战，打死打伤俘虏日伪军数百名，救出200多名在林区做苦力的八路军战士，把阿荣旗开辟为抗日根据地；1940年2月，直属部队在阿荣旗三岔河任家窝棚与日军遭遇，激战中参谋长冯治纲与警卫员裴海峰壮烈牺牲，随后王钧带领部队在阿荣旗继续与日伪军作战，在三岔河于家屯、赵家屯建立了"野猪窝棚"交通联络点，在附近山沟里消灭日伪军30余人。

战斗期间，阿荣旗各族群众利用上山砍柴、拉木头的机会，给抗联部队送粮食、猪肉等物资，还经常为抗联部队提供情报。

抗联英雄园位于呼伦贝尔市阿荣旗那吉镇，占地40万平方米，建有以抗联英雄在阿荣旗战斗事迹为主题的"抗日烽火""七勇士""兴安密林"等16座雕塑，以及英雄亭、民族亭、缅怀亭、报国亭、精忠亭和勿忘亭。

扎兰屯市距阿荣旗70多公里，一个多小时的车程，都叶梅经常让女儿丛艺林开车带她到阿荣旗那吉镇抗联英雄园。有时，她站在抗联英雄园里，仿佛回到了战火纷飞的年代，仿佛在与抗联英雄进行心与心的交流，再次感受到中国人民抗日战争的艰辛历程。她将自己的这种感受带进了课堂。

世界反法西斯战争海拉尔纪念园是都叶梅每次到海拉尔的必去之地，这个纪念园是在以前侵华日军的要塞遗址上建立的。

九一八事变后，关东军占领了整个东北地区，并修建了很多军事工事，而海拉尔要塞是第一批建立的，也是最大的一个。

这个要塞始建于1934年，当时为了建这个要塞从山东、河北等地抓了大批劳工。

这些劳工在残酷监管下，每天工作十几个小时，有累死、病死，甚至饿死的，被打死的更多，只有少数人活着回去了。据记载，负责核心工事的劳工被全部杀害，有些被枪杀，有些被活埋。

海拉尔的冬天非常寒冷，平均温度在零下40多度，中国劳工就是在这样恶劣的环境下工作，如果有不听话的或者逃跑的，会被扒光衣服吊起来用皮鞭抽打，夏天就任蚊虫叮咬。

1945年苏联对日宣战，苏联红军向日本关东军发动突袭，先遣队插到莫日格勒河，占领了海拉尔大桥，因为事先经过秘密侦察，大部队迅速推进，经过三天激烈交战，日军投降，最后摧毁了敌人所谓的东方马其诺防线。

在这场战役中，苏联红军也付出了巨大代价，在海拉尔小孤山上有24座苏联红军烈士合葬墓，埋葬着1100名官兵。

这个纪念园分为地上、地下两部分。地上部分建有海拉尔要塞遗址博物馆、主题广场、地面战争遗迹、模拟战争场景等，能看到战斗机、火炮、坦克等重型武器；地下部分复原了日军司令部、士兵宿舍、卫生室、通讯室等建筑设施。

这里是日本侵华和我国各族人民反抗斗争的历史见证，同时也是第二次世界大战日本关东军在中国所犯罪行的有力证据之一，更是中国劳工修建工事的血泪史。

都吐梅每次从海拉尔回来，都要向孩子们展示用手机拍摄的世界反法西斯战争海拉尔纪念园的照片，一个展厅一个展厅地讲，让孩子们牢记历史，勿忘国耻。

为了真正了解呼伦贝尔红色历史，给孩子们传播红色文化，讲好革命故事，都叶梅还专程到抗联第一村小库木尔采风。

小库木尔村位于呼伦贝尔市莫力达瓦达斡尔族自治旗西瓦尔图镇东北部，1939年至1941年，为了开辟呼伦贝尔游击区，在大兴安岭地区建立东北抗日联军后方，东北抗日联军第三路总指挥部派遣抗联指战员三进内蒙古自治区的呼伦贝尔，在莫力达瓦旗、阿荣旗、鄂伦春旗等地打击日伪军，宣传抗日，开展敌后游击战。这是呼伦贝尔现代史上反抗日本侵略者的一件大事，是中国共产党及其领导下的各族人民武装同侵略者展开的一场艰苦卓绝的游击战。

都叶梅了解到，1939年12月，冯治纲率100多名抗联战士，越过冰封的嫩江，进入莫力达瓦旗境内。抗联队伍到达莫力达瓦旗北部的小库木尔屯后，受到了达斡尔族群众热烈欢迎。

小库木尔屯村民勒莫日根是常年穿山越岭的老猎手，时常遇到抗联队伍在山上活动。他让抗联战士进村住他家里，提出让儿子孟德仁与王钧、王万俊结拜，孟德仁从此参加抗联，随军转战南北。

1940年3月，部队渡嫩江东去，孟德仁转入地下工作，搜集日伪情报。第二年，东北抗日联军三进呼伦贝尔，孟德仁找到部队并随军参加战斗。他打死不少敌人，与敌人白刃格斗中夺取日军一挺机枪，膝部受枪伤。此后返回莫力达瓦旗、阿荣旗一带做地下工作。

还有一个叫敖福明的达斡尔族人，1932年随家搬至小库木尔村。他精通满文，可用达斡尔语讲解满文《三国演义》、《隋唐演义》等古典名著。

敖福明耿直憨厚，敢作敢当。他在山里烧木炭，适值东北抗日联军三进呼伦贝尔，他的窝棚成了抗日联军来往落脚点，抗联战士经常三三两两到窝棚里喝水、聊天，讲抗日、讲救国，使得敖福明明白了许多救国救民的道理。由此，他成为抗联的联络员。此后，他以烧炭为掩护，为抗联探听情况、搜集情报。

抗联三支队在卓罗尼哈德与日伪军交战，两名抗联战士被打散，敖福明得知后给他们送去干粮。抗联三支队还送给敖福明一支可装7发子弹的手枪，以备紧急情况下使用。

1939年12月，东北抗日联军三支队在呼伦贝尔第一站小库木尔村驻扎两天，准备离开时，孟寿海等二人送部队南下，把部队送到乌尔科屯。在西进途中，缺战马、缺口粮，处于极端困难的关键时刻，孟寿海冒着生命危险，与孟松海一起为部队送去5匹马和3袋小米，在三岔河战斗中起到很大作用。他的这段历史功绩不仅载入史册，而且陈列于莫力达瓦达斡尔族自治旗达斡尔民族博物馆，对后人进行教育。

都叶梅在小库木尔村被他们的事迹深深感动，回去后，将抗联第一村"小库木尔"编入自己的剪纸教材。

80多年前，鄂伦春民族部落首领盖山在一次打猎途中，结识了时任东北抗联第三支队长王明贵。当时，面对侵华日军的拉拢和野蛮统治行径，盖山感到迷茫和困惑。王明贵等人的到来，为他打开了一扇窗，"革命""民族平等"等词汇像磁石一样，吸引了这位从未离开森林半步的猎人。

通过接触，盖山从心底对王明贵的部队产生敬佩之情，深深为抗联战士出生入死、宁死不屈的精神所折服。而在王明贵眼中，盖山豪爽正义、侠肝义胆，是个有民族气节和爱国心的人。

于是，4个民族的11位异姓兄弟为抗击共同的敌人日本侵略者发下誓言："我们为了抗击日本帝国主义，愿同生死，共患难，不投降，不叛变……"

从此，鄂伦春族人在盖山的带领下，开始为抗联部队传送情报，保护军需物资，用手中的猎枪与抗联战士共同抗击日本侵略者。

1941年8月，为解决抗联部队的给养问题，盖山提议攻打守敌薄弱的格尼河日本益昌伐木公司，获得了大家一致同意。这一仗打得很顺利，抗联三支队轻松攻占这家日本侵略者经营的公司，缴获粮油5000多公斤，解放200余名劳工，处决了日本侵略者派驻的头目金清宪太郎。

这一仗的胜利让日本人恼羞成怒，他们追上门来，威胁盖山说出抗联三支队的秘密驻地。沉稳老练的盖山一边不动声色地与敌人周旋，一边暗示16岁的女儿占珠梅去"抓马"。占珠梅心领神会，找到马匹后飞奔至抗联驻地报告敌情。

此后，抗联三支队与鄂伦春兄弟又并肩作战，先后袭击了中东铁路支线26号车站、中东铁路博克图支线74号车站，缴获了大量枪支弹药、马匹食品，歼灭了日军守敌，扩充了抗联队伍，给日军以沉重打击。

到了滴水成冰的冬季，为了解决抗联战士的御寒问题，鄂伦春族妇女们赶制出狍皮大衣、鞋和手套。

由于敌我力量悬殊，抗联三支队最终撤离了大兴安岭原始林区。撤离前夕，盖山因病去世，王明贵和抗联战士悲痛不已。他们涉险下山，用有限的经费买了木棺，将盖山安葬。

白温都格尔是扎兰屯市萨马街鄂温克民族乡人，鄂温克旗地区首领。1931年之前在抗日名将东北军马占山部下任21营营长，江桥抗战打死打伤多名日本侵略者，亲手击毙了一名日本军中队长。齐齐哈尔沦陷后，他率部返回萨马街隐居。

1939年4月，白温都格尔在中国共产党党员麻国栢等人引导下，决定再起兵投入战争。1940年9月，他在蘑菇气、萨马街、洼提、哈拉苏、南木等地招兵买马，加上原有的200多名部下，成立了蘑菇气抗日救国军，在布特哈旗西南乡林区展开了抗日游击战，给东北抗日联军第三支队提供给养、武器、弹药，传递情报。配合抗联三支队在萨马街炮台砬子、龙头里与日本侵略者遭遇战中，给了日本侵略者沉重打击，日本军队死伤80多人。

1942年，由于伪警察告密，白温都格尔被捕，关进日本宪兵队大牢，最后被十几条狼狗活活咬死，牺牲时57岁。白温都格尔惨遭日本人杀害后，激起了当地群众对日本侵略者更大的仇恨，蘑菇气抗日救国将士更加英勇地同日本侵略者战斗，直到抗日胜利。

都叶梅将这些素材挖掘、整理出来，剪成剪纸，纳入她的"红色课程"，让孩子们追寻红色记忆，接受爱国主义教育。

12

2018年，都叶梅1.2米×1.2米的剪纸作品《妈妈的世代》，被上海"非遗"博物馆收藏。

这幅作品构图像窗格上的窗花，在"囍"字和各种花卉构成的背景中，端坐着一位羞涩的新娘，她的周围环绕着子鼠、丑

参赛作品：妈妈的世代

妈妈的世代：
根据妈妈回娘家乘坐的交通工具的变化，展现我国改革开放四十年的人文变化、社会变化、文化变化、经济变化、科学的发展。
材料：宣纸 尺寸：1.2米×1.2米

牛、寅虎、卯兔、辰龙、巳蛇、午马、未羊、申猴、酉鸡、戌狗、亥猪等12属相。

与每一个属相相对应的是一幅幅独立的画面，从新娘坐花轿、骑毛驴到骑摩托车、坐飞机、乘高铁回娘家，反映了改革开放40年来，我国农村发生的翻天覆地的变化。

这幅作品首先是人物造型独特，她没有选择英雄和伟人，而是通过一位农村妇女回娘家这个古老的主题，让人们感受到改革开放40年来，农村所焕发的蓬勃生机。同时，这幅作品具象与抽象有机结合，达到一种完美的效果。

具象是对生活的真实记录，抽象只是对于生活的艺术变形。一件好的艺术品，既不是完全具象的，也不是完全抽象的。过于具象，让人一览无余，没有想象的空间。过于抽象，则让人如坠雾中，无法理解。艺术妙在具象与抽象之间，似与不似之间，写实与写意之间，明晰与含蓄之间。剪纸作品不是相片，并不追求逼真，而是在真实的基础上适度变形、夸张，给人以想象的空间。好的剪纸应该灵气十足，气韵生动，都叶梅的《妈妈的世代》《玉兔吉祥》《富贵有余》《世代万福》《农家小院·放牛归来》等生活气息浓郁，富有人情味，是一首首田园交响曲。这些作品之所以富有情趣，饶有趣味，就是很好地把握了具象与抽象相结合的原则，运用寓意、象征、夸张等手法，使生活情趣扑面而来。

都叶梅的作品"无章可寻"，也就是说她在创作中即兴发挥，自由走剪。艺术创作的本质在于自由对于规律的超越，达到一种无规律而合规律，无目的而合目的的自由境界。艺术创作是艺术家的"心灵之舞""自由之舞"，是一种"无法之法""无招之招"。一切都是心灵的驱动、情感的驱动，一切都在自由自在的状态中完成。她的

《妈妈的世代》就是情景交融、心手达情、自然天成的结果。

都叶梅一直追求无稿剪纸，保持一种本能的感觉，胸中有图有形，不用画稿，即兴下剪，自由发挥，古朴生动，传神写意，个性鲜活，摒弃过多的繁复。她将人物、动物、花鸟自由组合，表现的是内心的自由浪漫情绪。

多年来，都叶梅的剪纸在色彩上变化不大，基本上是单色剪纸。单色剪纸是剪纸中最基本的形式，由红色、绿色、褐色、黑色、金色等各种颜色剪成，而随着剪纸表现形式的探索和发展，彩色剪纸的形式和技法在逐渐增多，有点染、套色、分色、填色、木印、喷绘、勾绘和彩编等。诸种形式各有自己的特色和独到之处：点染剪纸滋润、装饰性强，套色剪纸脆利、色块鲜亮，分色剪纸分色截然、色感丰富，填色剪纸则单纯、洁净、鲜明，均给人不同的感受。

都叶梅开始尝试彩色剪纸，她剪出的彩色剪纸，受到热捧，并很快销售一空。

声名鹊起及市场上的热销，给了都叶梅更大的信心，在扎兰屯市及卧牛河镇政府的支持下，她尝试把剪纸艺术做

成地方特色产业。为了扩大市场，她从精进技艺入手，在剪纸中借鉴其他艺术形式，如吸收油画、年画、国画、装饰画的精髓，带领学员们创作了一大批令人惊叹的作品，一次就卖出4000多幅。

她创作的每一幅作品都有血、有肉、有生命，有民族风、时代感、地域性和乡土情，恰恰没有边界。

随着都叶梅的名气越来越大，与她合作的人也越来越多。

有一天，都叶梅突然接到山东省聊城市一家室内装修装潢公司负责人打来的电话："是都叶梅老师吗？"

"是，你是？"

"噢！不好意思，我是搞室内装修装潢的，我们这里有很多用户喜欢您的剪纸，我们公司想代理您的剪纸……"

这家公司为了显示诚意，还邀请都叶梅专程到聊城参观了他们公司。当她发现这家公司实力雄厚，在当地有良好的口碑后，便与这家公司签订了合同，一直合作至今，每年销售的剪纸产品都在3000幅左右。

这之后，上海、浙江、广东及沈阳、大连也来了很多经销商，代理了她的剪纸产品。

韩冷 摄

扎兰的杜鹃，是兴安岭最先开放的花朵。花期虽然仅仅半个月时间，但每年五一前后的杜鹃花节到来之时，赏花的人群便聚集在杜鹃坡下，任谁都不愿错过这短暂的美景。

翠屏山杜鹃坡位于扎兰屯市第二热源处，占地11万平方米，周长约1.6公里。

2023年的春天似乎比往年来得早了一些，刚进入四月中旬，杜鹃花就争先恐后盛开了，为绿意初萌仍带萧瑟的山岭添上亮丽的淡紫色彩，也奏响了旅游季节的号角。

4月26日，"相约草原，携手春天悦赏杜鹃"2023呼伦贝尔杜鹃赏花季活动在扎兰屯市启动。为了让游客享有良好的旅游体验，扎兰屯市举办了"文化创意产品旅游商品展销会"等丰富多彩的文化活动。

在文化创意产品旅游商品展销区内，游客络绎不绝，都叶梅的展位前更是挤满了人。

活动开始的第二天，扎兰屯突降大雪，杜鹃花在皑皑白雪中显得更加艳丽，为了一睹杜鹃在飞雪中绽放的风姿，游客一天达到了17万人。

仅一周时间，都叶梅就销售了4万多元的剪纸作品。

同年七月，第七届内蒙古自治区文化产业博览会在呼和浩特举办。扎兰屯市文化产业办组织部分非遗传承人现场参展。

展区内，扎兰屯市的文创产品共分为剪纸、工笔画、萨马街太阳花和呼伦贝尔玛瑙彩玉四类。展会期间，品类丰富、内容精美的扎兰屯市文创产品吸引了中央电视台、内蒙古卫视、香港卫视等多家媒体进行报道。都叶梅接受了两场专访，并参加了内蒙古电视台的直播活动。她表示剪纸不仅仅代表着传承传统非遗技艺，更在当下传递着饱含文化自信的新时代语言，作为非遗传承人，她有责任和义务创作出与时俱进的作品，让传统手工艺在新时代焕发出新的活力，创作出与时俱进的作品。

此次文博会中，呼伦贝尔展厅将都叶梅23米的剪纸长卷《中华民族一家亲》设计为总体布局的重要部分，一条威风凛凛的红色剪纸"巨龙"盘旋于展区上方，各民族中华儿女携手支撑起巨龙绵延的脊梁，充分展现了各民族团结一心、携手并进，共筑中国梦的盛世景象。

都叶梅说："布展期间，我的剪纸作品就卖出60多幅，而开展的第二天，我从扎兰屯带来的700多幅剪纸作品就销售一空。没办法，我只好现剪现卖，这次文博会共收入5万多元。有一幅名为《万马奔腾》的剪纸，很多人都想出高价购买，因为自主知识产权证没有下来，不能出售……"

在都叶梅剪纸作品后期的推广和销售上，不得不提一个人，他就是扎兰屯市文化产业办主任艾书才。都叶梅说："每年外地开诸如博览会、文博会之类的会议，艾书才总是亲自带队，去帮我们推广和销售剪纸作品，还负责我们吃住与往返费用，而挣的钱我们装进了自己的腰包。"的确，艾书才主任对人热情，我们采访都叶梅的时候他经常提出很好的意见建议，对采访工作的顺利完成，他给予了很多的帮助，这里我们非常感谢艾书才主任。

这无疑也与扎兰屯市委、市政府对文化产业的重视分不开的，市委、市政府主要领导也多次到都叶梅的工作室去调研，并多次鼓励都叶梅要充分挖掘和传承扎兰屯市红色文化、农耕文化、生态文化、"三少"民族"非遗"文化等具有独特价值和优秀传统的"北疆文化"，弘扬民族精神，坚定文化自信。

在都叶梅的手里，原本用于分割的剪子，却连接起了世间万物。

　　她带着你的想象力从纸面铺展开去，走出画面，进入无边无际的空间，心灵在美轮美奂的快意中飞升、旋转。

　　剪影舞动间，一座普通的农家小院，一个放牛娃，太祖奶奶讲述的神话故事，呼伦贝尔的草原、森林、河流、湖泊和人文，扎兰屯的历史文化、风光，都跃然纸上，也将都叶梅——一个乡村妇女的命运与剪纸艺术脉动相连，走向美好未来。